Bryn Mawr Greek Commentaries

Aristophanes'
Thesmophoriazusae

D1611964

Joseph F. Gannon

Thomas Library, Bryn Mawr College

Bryn Mawr, Pennsylvania

Series Preface

These lexical and grammatical notes are meant not as a full-scale commentary but as a clear and concise aid to the beginning student. The editors have been told to resist their critical impulses and to say only what will help the student read the text. Our commentaries, then, are the beginning of the interpretive process, not the end.

We expect that the student will know the basic Attic declensions and conjugations, basic grammar (the common functions of cases and moods; the common types of clauses and conditions), and how to use a dictionary. In general we have tried to avoid duplication of material easily extractable from the lexicon, but we have included help with the odd verb forms, and recognizing that endless page-flipping can be counter-productive, we have provided the occasional bonus of assistance with uncommon vocabulary. The bibliography lists a few books in English that have proved useful as secondary reading.

Production of these commentaries has been made possible by a generous grant fom the Division of Education Programs, the National Endowment for the Humanities.

Richard Hamilton
General Editor

Gregory W.Dickerson
Associate Editor

Gilbert Rose
Associate Editor

Volume Preface

Ancient critics considered Aristophanes the best comic poet of his time. Thanks to their judgment, eleven plays of Aristophanes, about one quarter of his total output, have survived, while his contemporaries are known to us only in fragments.

Although we do not know when Aristophanes was born, we can say with confidence that his career as a comic poet began in 427 B.C. and lasted for about 40 years. The *Thesmophoriazusae* was produced in 411 B.C., probably at the Great Dionysia, a spring festival. The title of the play means "Women Celebrating the Thesmophoria," a three-day autumn festival of the goddesses Demeter and Phersephattaa (better known to us as Persephone). Designed to promote fertility, the festival was exclusively celebrated by women. The play is set on the second day, on which women, camped at the Thesmophorion -- whose location is uncertain -- and strictly segregated from the men of the community, fasted in honor of the goddesses.

As is often the case in plays of Aristopanes, some of the characters bear the names of actual persons, and may be taken as caricatures of them. One of the two main characters in the play is the tragic poet Euripides, often the butt of contemporary writers of comedy. A lesser character is Agathon, said to be one of the best of the tragic poets after Aeschylus, Sophocles, and Euripides. Unfortunately we know his poetry only through a few fragments. A third character supposedly drawn from life is Clisthenes, but this unfortunate man figures in history only as the butt of the jokes of comic poets. Apparently he had difficulty growing a beard. His sexual behaviour seems also to have been exceptional.

Two other characters also appear to be caricatures. One of them is Euripides' In-law, never mentioned by name, although ancient scholars seem to have thought he was named Mnesilochus and that he was Euripides' father in-law (the Greek work κηδέστης can mean father-, brother-, or son-in-law). Finally, First Woman identifies herself at line 605 as the wife of Cleonymus. It is certain that Cleonymus existed, and Aristophanes pillories him as a coward and a glutton; but it is unclear why his wife should be singled out for comic attention here.

On the surface, the *Thesmophoriazusae* is a broad farce with a series of jokes and funny situation loosely strung around an improbable plot. At a somewhat deeper level, the play is a reflection of Euripides' romantic plots with the suggestion that they are all ingenuity and no substance. But at a deeper level still, the play is a fantasy about sexual identity and about the dangers and the attractions of assuming an alien sexual identity. Agathon claims that he can, without ceasing to be a male, also take on the life of a woman. In-law imagines that he too can encroach upon the feminine. In acting out his fantasy he nearly loses his life.

I began to study Aristophanes' *Thesmophoriazusae* under the guidance and with the encouragement of C. Arthur Lynch at Brown University in 1955-6. In 1979-82 I made the play the subject of my doctoral dissertation at Yale University, where I profited immensely from the counsel of John Herington, my advisor, as well as from the comments of my readers, George Goold, Victor Bers and Greg Thalmann. This present edition owes much to the constantly challenging editorial criticisms of Gregory Dickerson and the supplementary observations of Richard Hamilton, both of Bryn Mawr College; such as it is, the commentary would have been both longer and less without them. To all, thanks.

Note on Sexual Orientation:
In-law and Agathon

Contemporary readers are likely to assume that the human race is divisible in heterosexuals, homosexuals, and, perhaps, bisexuals, and that heterosexuals are the vast majority. These assumptions and these categories are foreign to Aristophanes' audience. They would have assumed that any normal adult male is sexually attracted both by women and by boyishly attractive young males who have not yet got a full growth of beard. Thus In-law's sexual reaction to Agathon does not mark him as unusual, for Agathon is a singuluarly attractive young man who has artificially removed his beard by shaving to retain attractiveness for males. One can probably say that to Aristophanes' audience one is normally masculine as long as one is phallically aggressive. But Agathon is in a quite different situation. He has a positive desire to cultivate attractiveness to male aggressors and he accepts a sexually passive role. He has declined the conventionally defined male role, and his behaviour was not regarded as normal.

Metrical Note

Greek verse is based on patterns of long and short syllables. A syllable is counted as long (by nature) if it contains a long vowel or a diphthong; and as long (by position) if it is followed by two consonants or a double consonant (ζ, ξ, ψ). Otherwise, a syllable is counted as short. The chief exception to these principles is that a syllable with a short vowel is usually (in Attic practice) counted as short before a combination of one of π, κ, τ, φ, χ, θ, followed by one of ρ, λ, μ, ν, or β, γ, δ, followed by ρ.

An iambic verse is composed of iambic metra each of which has the form x - ʊ - , where x represents a syllable that may be long or short (called an *anceps*), - represents a syllable that is long, and ʊ a syllable that is short.

An iambic trimeter is a line made up of three iambic metra: x - ʊ - x - ʊ - x - ʊ - . Here, and in other "stichic" metres (i.e., those, like the three tetrameters discussed above, where the basic metrical pattern is repeated in each successive line), the last syllable in a line is counted as long regardless of its nature or position; and so an iambic trimeter always ends ʊ - . Otherwise, any anceps, any long, and any short may be replaced by a double short (such replacement being called "resolution"), except that a resolution in successive places in a line is avoided. Thus line 5 may be "scanned" (analyzed) so:

- - ʊ - - - ʊ - ʊ - ʊ -

ἀλλ' οὐκ ἀκούειν δεῖ σε πάνθ' ὅσ' αὐτίκα;

and line 2, showing resolutions, so:

ʊ ʊ - ʊ ʊ - - - ʊ - ʊ - ʊ -

ἀπολεῖ μ' ἀλοῶν ἄνθρωπος ἐξ ἑωθινοῦ.

An iambic tetrameter catalectic (literally, "stopped") is a line made up of four iambic metra except that the final metron always has the form ʊ - - . Resolutions are allowed in the other metra. Thus an iambic tetrameter catalectic runs: x - ʊ - x - ʊ - x - ʊ - ʊ - - , and line 531 may be scanned:

- - ʊ - ʊ - ʊ - - - ʊ - ʊ - -

ἀλλ' οὐ γάρ ἐστι τῶν ἀναισχύντων φύσει γυναικῶν.

Trochaic verse is made up of metra each of which has the form - ʊ - x . A trochaic tetrameter catalectic is a line made up of four trochaic metra except that the final metron always has the form - ʊ - .

Resolutions are allowed in the first three metra for any anceps or any long. The line thus runs: - υ - x   - υ - x   - υ - x   - υ - , and line 659 may be scanned:

$$- \smallsmile - \quad - - \smallsmile - \quad - - \smallsmile - - - \quad \smallsmile -$$

εἶα δὴ πρώτιστα μὲν χρὴ κοῦφον ἐξορμᾶν πόδα.

Anapestic verse is composed of anapestic metra each of which has the form υυ- υυ- . Substitution of double shorts for longs and of longs for double shorts is allowed, but a substitution yielding two successive double shorts is avoided. An anapestic tetrameter catalectic is a line composed of four anapestic metra except that the final metron has the catalectic form υυ-- . The line without substitution thus runs: υυ- υυ- υυ- υυ- υυ- υυ- υυ-- , and line 658 can be scanned so:

$$- \quad \smallsmile \smallsmile \quad - - \quad - \quad - - \quad - - \quad - - \quad \smallsmile \smallsmile \ -$$

τὴν πύκνα πᾶσαν καὶ τὰς σκηνὰς καὶ τὰς διόδους

$$\smallsmile \smallsmile \quad - \ -$$

διαθρῆσαι.

An anapestic period is a sequence of anapestic metra conventionally arranged in pairs (dimeters), sometimes with one unpaired metron (a monometer), the whole sequence terminating in a dimeter whose second metron has the catalectic form υυ-- . (Only the last syllable of the whole period is always counted as long.) A sequence of periods is called a system. See, e.g., lines 39-63, 814-29.

Preface to the Text

The *Thesmophoriazusae* survives in only one manuscript of independent value, viz., the *Codex Ravennas* 429 (formerly 137, 4A). There are also papyri and an independent tradition (mostly drawn from the Suda). Neither source is extensive, but both are helpful. In preparing this edition I have used Coulon's Budé edition as a point of departure. Velsen's Teubner edition (1883) proved useful for its more detailed reports of manuscript readings, as did Cantarella's edition for its full account of the indirect tradition. Wherever there was any doubt as to their readings, I consulted the facsimile of the *Ravennas* published by van Leeuwen and the published papyri. Of the editors who supply extensive commentary I have found Blaydes and van Leeuwen especially helpful.

The reader who compares the text printed here with Coulon's will find that they differ at many points. The format of this series is not designed to provide accounts of such matters. I hope to publish elsewhere an account of the places where I have departed from Coulon. In the absence of such publication I will supply information in typescript to anyone who expresses an interest.

Joseph F. Gannon
Mercy College
Dobbs Ferry, NY
September 1987

ΘΕΣΜΟΦΟΡΙΑΖΟΥΣΑΙ

ΚΗΔΕΣΤΗΣ
᾿Ω Ζεῦ, χελιδὼν ἆρά ποτε φανήσεται;
᾿Απολεῖ μ᾿ ἀλοῶν ἄνθρωπος ἐξ ἑωθινοῦ.
Οἷόν τε, πρὶν τὸν σπλῆνα κομιδῇ μ᾿ ἐκβαλεῖν,
παρὰ σοῦ πυθέσθαι ποῖ μ᾿ ἄγεις, ὠὐριπίδη;

ΕΥΡΙΠΙΔΗΣ
᾿Αλλ᾿ οὐκ ἀκούειν δεῖ σε πάνθ᾿ ὅσ᾿ αὐτίκα   5
ὄψει παρεστώς.
ΚΗ.   Πῶς λέγεις; Αὖθις φράσον.
Οὐ δεῖ μ᾿ ἀκούειν;
ΕΥ. ·   Οὐχ ἅ γ᾿ ἂν μέλλῃς ὁρᾶν.

ΚΗ. Οὐδ᾿ ἆρ᾿ ὁρᾶν δεῖ μ᾿;
ΕΥ.   Οὐχ ἅ γ᾿ ἂν ἀκούειν δέῃ.

ΚΗ. Πῶς μοι παραινεῖς; Δεξιῶς μέντοι λέγεις.
Οὐ φῂς σὺ χρῆναί μ᾿ οὔτ᾿ ἀκούειν οὔθ᾿ ὁρᾶν;   10

ΕΥ. Χωρὶς γὰρ αὐτοῖν ἑκατέρου 'στὶν ἡ φύσις.

ΚΗ. Τοῦ μήτ᾿ ἀκούειν μήθ᾿ ὁρᾶν;
ΕΥ.   Εὖ ἴσθ᾿ ὅτι.

ΚΗ. Πῶς χωρίς;
ΕΥ.   Οὕτω ταῦτα διεκρίθη τότε.
Αἰθὴρ γὰρ ὅτε τὰ πρῶτα διεχωρίζετο
καὶ ζῷ᾿ ἐν αὑτῷ ξυνετέκνου κινούμενα,   15
ᾧ μὲν βλέπειν χρὴ πρῶτ᾿ ἐμηχανήσατο
ὀφθαλμὸν ἀντίμιμον ἡλίου τροχῷ,
ἀκοῆς δὲ χοάνην ὦτα διετετρήνατο.

ΚΗ. Διὰ τὴν χοάνην οὖν μήτ᾿ ἀκούω μήθ᾿ ὁρῶ;
Νὴ τὸν Δί᾿ ἥδομαί γε τουτὶ προσμαθών.   20
Οἷόν γέ πού 'στιν αἱ σοφαὶ ξυνουσίαι.

ΕΥ. Πόλλ᾿ ἂν μάθοις τοιαῦτα παρ᾿ ἐμοῦ.
ΚΗ.   Πῶς ἂν οὖν
πρὸς τοῖς ἀγαθοῖς τούτοισιν ἐξεύροιμ᾿ ὅπως
ἔτι προσμάθω μὴ χωλὸς εἶναι τὼ σκέλει;

ΕΥ. Βάδιζε δευρὶ καὶ πρόσεχε τὸν νοῦν.
ΚΗ.   Ἰδού.   25

ΕΥ. Ὁρᾷς τὸ θύριον τοῦτο;

ΚΗ.   Νὴ τὸν Ἡρακλέα
οἶμαί γε.

ΕΥ.   Σίγα νυν.

ΚΗ.   Σιωπῶ τὸ θύριον;

ΕΥ. Ἄκου'.

ΚΗ.   Ἀκούω καὶ σιωπῶ τὸ θύριον.

ΕΥ. Ἐνταῦθ' Ἀγάθων ὁ κλεινὸς οἰκῶν τυγχάνει
ὁ τραγῳδοποιός.

ΚΗ.   Ποῖος οὗτος Ἀγάθων;   30

ΕΥ. Ἔστιν τις Ἀγάθων —

ΚΗ.   Μῶν ὁ μέλας, ὁ καρτερός;

ΕΥ. Οὔκ, ἀλλ' ἑτερός τις. Οὐχ ἑόρακας πώποτε;

ΚΗ. Μῶν ὁ δασυπώγων;

ΕΥ.   Οὐχ ἑόρακας πώποτε;

ΚΗ. Μὰ τὸν Δί' οὕτω γ' ὥστε κἀμέ γ' εἰδέναι.

ΕΥ. Καὶ μὴν βεβίνηκας σύ γ', ἀλλ' οὐκ οἶσθ' ἴσως.   35
Ἀλλ' ἐκποδὼν πτήξωμεν, ὡς ἐξέρχεται
θεράπων τις αὐτοῦ πῦρ ἔχων καὶ μυρρίνας,
προθυσόμενος, ἔοικε, τῆς ποιήσεως.

ΘΕΡΑΠΩΝ
Εὔφημος πᾶς ἔστω λαός,
στόμα συγκλῄσας· ἐπιδημεῖ γὰρ   40
θίασος Μουσῶν ἔνδον μελάθρων
τῶν δεσποσύνων μελοποιῶν.
Ἐχέτω δὲ πνοὰς νήνεμος αἰθήρ,
κῦμα δὲ πόντου μὴ κελαδείτω
γλαυκόν —

ΚΗ.   Βομβάξ.

ΕΥ.   Σίγα.

ΚΗ.   Τί λέγει;   45

ΘΕ. πτηνῶν τε γένη κατακοιμάσθω,
θηρῶν τ' ἀγρίων πόδες ὑλοδρόμων
μὴ λυέσθων, —

ΚΗ.   Βομβαλοβομβάξ.

ΘΕ. μέλλει γὰρ ὁ καλλιεπὴς Ἀγάθων

ΘΕΣΜΟΦΟΡΙΑΖΟΥΣΑΙ

ΚΗ.	πρόμος ἡμέτερος — Μῶν βινεῖσθαι;	50

ΘΕ. Τίς ὁ φωνήσας;
ΚΗ.   Νήνεμος αἰθήρ.

ΘΕ. δρυόχους τιθέναι δράματος ἀρχάς.
Κάμπτει δὲ νέας ἀψῖδας ἐπῶν,
τὰ δὲ τορνεύει, τὰ δὲ κολλομελεῖ,
καὶ γνωμοτυπεῖ κἀντονομάζει   55
καὶ κηροχυτεῖ καὶ γογγύλλει
καὶ χοανεύει —
ΚΗ.   καὶ λαικάζει.

ΘΕ. Τίς ἀγροιώτας πελάθει θριγκοῖς;

ΚΗ. Ὃς ἕτοιμος σοῦ τοῦ τε ποιητοῦ
τοῦ καλλιεποῦς κατὰ τοῦ θριγκοῦ   60
συγγογγύλας καὶ συστρέψας
τουτὶ τὸ πέος χοανεῦσαι.

ΘΕ. Ἦ που νέος γ' ὢν ἦσθ' ὑβριστής, ὦ γέρον.

ΕΥ. Ὦ δαιμόνιε, τοῦτον μὲν ἔα χαίρειν, σὺ δὲ
'Αγάθωνά μοι δεῦρ' ἐκκάλεσον πάσῃ τέχνῃ.   65

ΘΕ. Μηδὲν ἱκέτευ' · αὐτὸς γὰρ ἔξεισιν τάχα ·
καὶ γὰρ μελοποεῖν ἄρχεται. Χειμῶνος οὖν
ὄντος κατακάμπτειν τὰς στροφὰς οὐ ῥάδιον,
ἢν μὴ προίῃ θύραζε πρὸς τὸν ἥλιον.

ΕΥ. Τί οὖν ἐγὼ δρῶ;
ΘΕ.   Περίμεν', ὡς ἐξέρχεται.   70

ΕΥ. Ὦ Ζεῦ, τί δρᾶσαι διανοεῖ με τήμερον;

ΚΗ. Νὴ τοὺς θεοὺς ἐγὼ πυθέσθαι βούλομαι
τί τὸ πρᾶγμα τουτί. Τί στένεις; Τί δυσφορεῖς;
Οὐ χρῆν σε κρύπτειν ὄντα κηδεστὴν ἐμόν.

ΕΥ. Ἔστιν κακόν μοι μέγα τι προπεφυραμένον.   75

ΚΗ. Ποῖόν τι;
ΕΥ.   Τῇδε θἠμέρᾳ κριθήσεται
εἴτ' ἔστ' ἔτι ζῶν εἴτ' ἀπόλωλ' Εὐριπίδης.

ΑΡΙΣΤΟΦΑΝΟΥ

ΚΗ. Καὶ πῶς; Ἐπεὶ νῦν γ' οὔτε τὰ δικαστήρια
μέλλει δικάζειν οὔτε βουλῆς ἐσθ' ἕδρα,
ἐπείπερ ἐστὶ Θεσμοφορίων ἡ μέση.   80

ΕΥ. Τοῦτ' αὐτὸ γάρ τοι κἀπολεῖν με προσδοκῶ.
Αἱ γὰρ γυναῖκες ἐπιβεβουλεύκασί μοι
κἀν Θεσμοφόροιν μέλλουσι περί μου τήμερον
ἐκκλησιάζειν ἐπ' ὀλέθρῳ.
ΚΗ.   Τιὴ τί δή;

ΕΥ. Ὁτιὴ τραγῳδῶ καὶ κακῶς αὐτὰς λέγω.   85
ΚΗ. Νὴ τὸν Ποσειδῶ καὶ δίκαιά ⟨γ'⟩ ἂν πάθοις.
Ἀτὰρ τίν' ἐκ τούτων σὺ μηχανὴν ἔχεις;

ΕΥ. Ἀγάθωνα πεῖσαι τὸν τραγῳδοδιδάσκαλον
εἰς Θεσμοφόροιν ἐλθεῖν.
ΚΗ.   Τί δράσοντ'; Εἰπέ μοι.

ΕΥ. Ἐκκλησιάσοντ' ἐν ταῖς γυναιξὶ χἂν δέῃ   90
λέξονθ' ὑπὲρ ἐμοῦ.
ΚΗ.   Πότερα φανερὸν ἢ λάθρᾳ;

ΕΥ. Λάθρᾳ, στολὴν γυναικὸς ἠμφιεσμένον.

ΚΗ. Τὸ πρᾶγμα κομψὸν καὶ σφόδρ' ἐκ τοῦ σοῦ τρόπου·
τοῦ γὰρ τεχνάζειν ἡμέτερος ὁ πυραμοῦς.

ΕΥ. Σίγα.
ΚΗ.   Τί δ' ἐστίν;
ΕΥ.   Ἀγάθων ἐξέρχεται.   95

ΚΗ. Καὶ ποῦ 'σθ';
ΕΥ.   ⟨Ὅπου⟩ 'στίν; Οὗτος οὑκκυκλούμενος.

ΚΗ. Ἀλλ' ἦ τυφλὸς μέν εἰμ'; Ἐγὼ γὰρ οὐχ ὁρῶ
ἄνδρ' οὐδέν' ἐνθάδ' ὄντα, Κυρήνην δ' ὁρῶ.

ΕΥ. Σίγα· μελῳδεῖν γὰρ παρασκευάζεται.

ΚΗ. Μύρμηκος ἀτραπούς, ἢ τί διαμινυρίζεται;   100

ΑΓΑΘΩΝ   (ὡς Διόνυσος)

Ἱερὰν Χθονίαιν δεξάμεναι λαμπάδα, κοῦραι,

ΘΕΣΜΟΦΟΡΙΑΖΟΥΣΑΙ

ξὺν ἐλευθερίᾳ πραπίδι χορεύσασθε βοάν.

(ὡς Χορός.)

Τίνι δαιμόνων ὁ κῶμος;
Λέγε νυν. Εὐπίστως δὲ τοὐμὸν   105
δαίμονας ἔχει σεβίσαι.

(ὡς Διόνυσος.)

ἄγε νυν ὀλβίζετε, Μοῦσαι,
χρυσέων ῥύτορα τόξων
Φοῖβον, ὃς ἱδρύσατο χώρας
γύαλα Σιμουντίδι γᾷ.   110

(ὡς Χορός.)

Χαῖρε καλλίσταις ἀοιδαῖς,
Φοῖβ’, ἐν εὐμούσοισι τιμαῖς
γέρας ἱερὸν προφέρων.

(ὡς Διόνυσος.)

Τάν τ’ ἐν ὄρεσι δρυογόνοισιν
κόραν ἀείσατ’ Ἄρτεμιν ἀγροτέραν.   115

(ὡς Χορός.)

Ἕπομαι κλῄζουσα σεμνὰν
γόνον ὀλβίζουσα Λατοῦς,
Ἄρτεμιν ἀπειρολεχῆ.

(ὡς Διόνυσος.)

Λατώ τε κρούματά τ’ Ἀσιάδος ποδὶ   120
παράρυθμ’ εὔρυθμα Φρυγίων
διὰ νεύματα Χαρίτων.

(ὡς Χορός.)

Σέβομαι Λατώ τ’ ἄνασσαν
κίθαρίν τε ματέρ’ ὕμνων
ἄρσενι βοᾷ δοκίμων.   125

ΑΡΙΣΤΟΦΑΝΟΥ

(ὡς Διόνυσος.)

Τᾷ φάος ἔσσυτο δαιμονίοις
ὄμμασιν, ἀμετέρας τε δι᾽ αἰφνιδίου ὀπός. Ὦν χάριν
ἄνακτ᾽ ἄγαλλε Φοῖβον.

(ὡς Χορός.)

Χαῖρ᾽, ὄλβιε παῖ Λατοῦς.

KH. Ὡς ἡδὺ τὸ μέλος, ὦ πότνιαι Γενετυλλίδες,   130
и καὶ θηλυδριῶδες καὶ κατεγλωττισμένον
καὶ μανδαλωτόν, ὥστ᾽ ἐμοῦ γ᾽ ἀκροωμένου
ὑπὸ τὴν ἕδραν αὐτὴν ὑπῆλθε γάργαλος.
Καί σ᾽, ὦ νεανίσχ᾽, ἥτις εἶ, κατ᾽ Αἰσχύλον
ἐκ τῆς Λυκουργείας ἐρέσθαι βούλομαι.   135
Ποδαπὸς ὁ γύννις; Τίς πάτρα; Τίς ἡ στολή;
Τίς ἡ τάραξις τοῦ βίου; Τί βάρβιτος
λαλεῖ κροκωτῷ; Τί δὲ λύρα κεκρυφάλῳ;
Τί λήκυθος καὶ στρόφιον; Ὡς οὐ ξύμφορα.
Τίς δαὶ κατόπτρου καὶ ξίφους κοινωνία;   140
Σύ τ᾽ αὐτός, ὦ παῖ, πότερον ὡς ἀνὴρ τρέφει;
Καὶ ποῦ πέος; Ποῦ χλαῖνα; Ποῦ Λακωνικαί;
Ἀλλ᾽ ὡς γυνὴ δῆτ᾽; Εἶτα ποῦ τὰ τιτθία;
Τί φής; Τί σιγᾷς; Ἀλλὰ δῆτ᾽ ἐκ τοῦ μέλους
ζητῶ σ᾽, ἐπειδή γ᾽ αὐτὸς οὐ βούλει φράσαι;   145

ΑΓ. Ὦ πρέσβυ πρέσβυ, τοῦ φθόνου μὲν τὸν ψόγον
ἤκουσα, τὴν δ᾽ ἄλγησιν οὐ παρεσχόμην·
ἐγὼ δὲ τὴν ἐσθῆθ᾽ ἅμα ⟨τῇ⟩ γνώμῃ φορῶ.
Χρὴ γὰρ ποιητὴν ἄνδρα πρὸς τὰ δράματα
ἃ δεῖ ποιεῖν, πρὸς ταῦτα τοὺς τρόπους ἔχειν.   150
Αὐτίκα γυναικεῖ᾽ ἢν ποιῇ τις δράματα,
μετουσίαν δεῖ τῶν τρόπων τὸ σῶμ᾽ ἔχειν.

KH. Οὐκοῦν κελητίζεις, ὅταν Φαίδραν ποιῇς;

ΑΓ. Ἀνδρεῖα δ᾽ ἢν ποιῇ τις, ἐν τῷ σώματι
ἔνεσθ᾽ ὑπάρχον τοῦθ᾽. Ἃ δ᾽ οὐ κεκτήμεθα,   155
μίμησις ἤδη ταῦτα συνθηρεύεται.

KH. Ὅταν σατύρους τοίνυν ποιῇς, καλεῖν ἐμέ,
ἵνα συμποιῶ σοὔπισθεν ἐστυκὼς ἐγώ.

ΑΓ. Ἄλλως τ᾽ ἄμουσόν ἐστι ποιητὴν ἰδεῖν

ἀγρεῖον ὄντα καὶ δασύν. Σκέψαι δ᾽ ὅτι   160
Ἴβυκος ἐκεῖνος κἀνακρέων ὁ Τήιος
κἀλκαῖος, οἵπερ ἁρμονίαν ἐχύμισαν,
ἐμιτροφόρουν τε καὶ διεκλῶντ᾽ Ἰωνικῶς.
Καὶ Φρύνιχος — τοῦτον γὰρ οὖν ἀκήκοας —
αὐτός τε καλὸς ἦν καὶ καλῶς ἠμπίσχετο·   165
διὰ τοῦτ᾽ ἄρ᾽ αὐτοῦ καὶ κάλ᾽ ἦν τὰ δράματα.
Ὅμοια γὰρ ποιεῖν ἀνάγκη τῇ φύσει.

ΚΗ. Ταῦτ᾽ ἄρ᾽ ὁ Φιλοκλέης αἰσχρὸς ὢν αἰσχρῶς ποιεῖ,
ὁ δὲ Ξενοκλέης ὢν κακὸς κακῶς ποιεῖ,
ὁ δ᾽ αὖ Θέογνις ψυχρὸς ὢν ψυχρῶς ποιεῖ.   170

ΑΓ. Ἅπασ᾽ ἀνάγκη. Ταῦτα γάρ τοι γνοὺς ἐγὼ
ἐμαυτὸν ἐθεράπευσα.
ΚΗ.   Πῶς, πρὸς τῶν θεῶν;

ΕΥ. Παῦσαι βαύζων· καὶ γὰρ ἐγὼ τοιοῦτος ἦν
ὢν τηλικοῦτος, ἡνίκ᾽ ἠρχόμην ποιεῖν.

ΚΗ. Μὰ τὸν Δί᾽, οὐ ζηλῶ σε τῆς παιδεύσεως.   175

ΕΥ. Ἀλλ᾽ ὧνπερ οὕνεκ᾽ ἦλθον, ἔα μ᾽ εἰπεῖν.
ΚΗ.   Λέγε.
ΕΥ. Ἀγάθων, "σοφοῦ πρὸς ἀνδρός, ὅστις ἐν βραχεῖ
πολλοὺς καλῶς οἷός τε συντέμνειν λόγους."
Ἐγὼ δὲ καινῇ ξυμφορᾷ πεπληγμένος
ἱκέτης ἀφῖγμαι πρὸς σέ.
ΑΓ.   Τοῦ χρείαν ἔχων;   180

ΕΥ. Μέλλουσί μ᾽ αἱ γυναῖκες ἀπολεῖν τήμερον
τοῖς Θεσμοφορίοις, ὅτι κακῶς αὐτὰς λέγω.

ΑΓ. Τίς οὖν παρ᾽ ἡμῶν ἐστιν ὠφέλειά σοι;

ΕΥ. Ἡ πᾶσ᾽. Ἐὰν γὰρ ἐγκαθεζόμενος λάθρα
ἐν ταῖς γυναιξίν, ὡς δοκῶν εἶναι γυνή,   185
ὑπεραποκρίνῃ μου, σαφῶς σώσεις ἐμέ.
Μόνος γὰρ ἂν λέξειας ἀξίως ἐμοῦ.

ΑΓ. Ἔπειτα πῶς οὐκ αὐτὸς ἀπολογεῖ παρών;

ΕΥ. Ἐγὼ φράσω σοι. Πρῶτα μὲν γιγνώσκομαι·
ἔπειτα πολιός εἰμι καὶ πώγων᾽ ἔχω,   190
σὺ δ᾽ εὐπρόσωπος, λευκός, ἐξυρημένος,

γυναικόφωνος, ἁπαλός, εὐπρεπὴς ἰδεῖν.

ΑΓ. Εὐριπίδη —
ΕΥ.   Τί ἐστιν;
ΑΓ.   'Επόιησάς ποτε·
"Χαίρεις ὁρῶν φῶς, πατέρα δ' οὐ χαίρειν δοκεῖς;"

ΕΥ. "Εγωγε.
ΑΓ.   Μή νυν ἐλπίσῃς τὸ σὸν κακὸν   195
ἡμᾶς ὑφέξειν. Καὶ γὰρ ἂν μαινοίμεθ' ἄν.
'Αλλ' αὐτὸς ὅ γε σόν ἐστιν οἰκείως φέρε.
Τὰς συμφορὰς γὰρ οὐχὶ τοῖς τεχνάσμασιν
φέρειν δίκαιον, ἀλλὰ τοῖς παθήμασιν.

ΚΗ. Καὶ μὴν σύ γ', ὦ κατάπυγον, εὐρύπρωκτος εἶ   200
οὐ τοῖς λόγοισιν, ἀλλὰ τοῖς παθήμασιν.

ΕΥ. Τί δ' ἐστὶν ὅτι δέδοικας ἐλθεῖν αὐτόσε;

ΑΓ. Κάκιον ἀπολοίμην ἂν ἢ σύ.
ΕΥ.   Πῶς;
ΑΓ.   "Οπως;
Δοκῶν γυναικῶν ἔργα νυκτερείσια
κλέπτειν ὑφαρπάζειν τε θήλειαν Κύπριν.   205

ΚΗ. Ἰδού γε κλέπτειν· νὴ Δία, βινεῖσθαι μὲν οὖν.
'Ατὰρ ἡ πρόφασίς γε νὴ Δί' εἰκότως ἔχει.

ΕΥ. Τί οὖν; Ποιήσεις ταῦτα;
ΑΓ.   Μὴ δόκει γε σύ.

ΕΥ. ῏Ω τρισκακοδαίμων, ὡς ἀπόλωλ' Εὐριπίδης.

ΚΗ. ὦ φίλτατ', ὦ κηδεστά, μὴ σαυτὸν προδῷς.   210

ΕΥ. Πῶς οὖν ποιήσω δῆτα;
ΚΗ.   Τοῦτον μὲν μακρὰ
κλάειν κέλευ', ἐμοὶ δ' ὅ τι βούλει χρῶ λαβών.

ΕΥ. "Αγε νυν, ἐπειδὴ σαυτὸν ἐπιδίδως ἐμοί,
ἀπόδυθι τουτὶ θοἰμάτιον.
ΚΗ.   Καὶ δὴ χαμαί.
'Ατὰρ τί μέλλεις δρᾶν μ';
ΕΥ.   'Αποξυρεῖν ταδί,   215
τὰ κάτω δ' ἀφεύειν.

ΘΕΣΜΟΦΟΡΙΑΖΟΥΣΑΙ

ΚΗ.   Ἀλλὰ πρᾶττ', εἴ σοι δοκεῖ·
ὡς μὴ 'πιδοῦναι 'μαυτὸν ὠφελόν ποτε.

ΕΥ. Ἀγάθων, σὺ μέντοι ξυροφορεῖς ἑκάστοτε,
χρῆσόν τί νυν ἡμῖν ξυρόν.
ΑΓ.   Αὐτὸς λάμβανε
ἐντεῦθεν ἐκ τῆς ξυροδόκης.
ΕΥ.   Γενναῖος εἶ.   220
Κάθιζε· φύσα τὴν γνάθον τὴν δεξιάν.

ΚΗ. Οἴμοι.
ΕΥ.   Τί κέκραγας; Ἐμβαλῶ σοι πάτταλον,
ἢν μὴ σιωπᾷς.
ΚΗ.   Ἀτταταῖ ἰατταταῖ.

ΕΥ. Οὗτος σύ, ποῖ θεῖς;
ΚΗ.   Εἰς τὸ τῶν σεμνῶν θεῶν·
οὐ γὰρ μὰ τὴν Δήμητρά γ' ἐνταυθοῖ μενῶ   225
τεμνόμενος.
ΕΥ.   Οὔκουν καταγέλαστος δῆτ' ἔσει
τὴν ἡμίκραιραν τὴν ἑτέραν ψιλὴν ἔχων;

ΚΗ. Ὀλίγον μέλει μοι.
ΕΥ.   Μηδαμῶς, πρὸς τῶν θεῶν,
προδῷς με. Χώρει δεῦρο.
ΚΗ.   Κακοδαίμων ἐγώ.

ΕΥ. Ἔχ' ἀτρέμα σαυτὸν κἀνάκυπτε. Ποῖ στρέφει;   230

ΚΗ. Μῦ μῦ.
ΕΥ.   Τί μύζεις; Πάντα πεπόιηται καλῶς.

ΚΗ. Οἴμοι κακοδαίμων, ψιλὸς οὖν στρατεύσομαι.

ΕΥ. Μὴ φροντίσῃς· ὡς εὐπρεπὴς φανεῖ πάνυ.
Βούλει θεᾶσθαι σαυτόν;
ΚΗ.   Εἰ δοκεῖ, φέρε.

ΕΥ. Ὁρᾷς σεαυτόν;
ΚΗ.   Οὐ μὰ Δί', ἀλλὰ Κλεισθένη.   235

ΕΥ. Ἀνίστασ', ἵν' ἀφεύσω σε, κἀγκύψας ἔχε.

ΚΗ. Οἴμοι κακοδαίμων, δελφάκιον γενήσομαι.

ΕΥ. Ἐνεγκάτω τις ἔνδοθεν δᾷδ' ἢ λύχνον.
Ἐπίκυπτε· τὴν κέρκον φυλάττου νυν ἄκραν.

ΚΗ. Ἐμοὶ μελήσει νὴ Δία, πλήν γ' ὅτι κάομαι.   240
Οἴμοι τάλας. Ὕδωρ ὕδωρ, ὦ γείτονες,
πρὶν ἀντιλαβέσθαι ⟨τήνδε⟩ πρῶτον τῆς φλογός.

ΕΥ. Θάρρει.
ΚΗ.   Τί θαρρῶ καταπεπυρπολημένος;

ΕΥ. Ἀλλ' οὐκέτ' οὐδὲν πρᾶγμά σοι· τὰ πλεῖστα γὰρ
ἀποπεπόνηκας.
ΚΗ.   Φῦ, ἰοὺ τῆς ἀσβόλου.   245
Αἰθὸς γεγένημαι πάντα τὰ περὶ τὴν τράμιν.

ΕΥ. Μὴ φροντίσῃς· ἕτερος γὰρ αὐτὰ σπογγιεῖ.

ΚΗ. Οἰμώξετ' ἄρ' εἴ τις τὸν ἐμὸν πρωκτὸν πλυνεῖ.

ΕΥ. Ἀγάθων, ἐπειδὴ σαυτὸν ἐπιδοῦναι φθονεῖς,
ἀλλ' ἱμάτιον γοῦν χρῆσον ἡμῖν τουτῳὶ   250
καὶ στρόφιον· οὐ γὰρ ταῦτά γ' ὡς οὐκ ἔστ' ἐρεῖς.

ΑΓ. Λαμβάνετε καὶ χρῆσθ'· οὐ φθονῶ.
ΚΗ.   Τί οὖν λάβω;

ΕΥ. Ὅ τι; Τὸν κροκωτὸν πρῶτον ἔνδυου λαβών.

ΚΗ. Νὴ τὴν Ἀφροδίτην, ἡδύ γ' ὄζει ποσθίου.
Σύζωσον ἀνύσας. Αἶρέ νυν στρόφιον.
ΕΥ.   Ἰδού.   255

ΚΗ. Ἴθι νυν κατάστειλόν με τὰ περὶ τὼ σκέλει.

ΕΥ. Κεκρυφάλου δεῖ καὶ μίτρας.
ΑΓ.   Ἡδὶ μὲν οὖν
κεφαλὴ περίθετος, ἣν ἐγὼ νύκτωρ φορῶ.

ΕΥ. Νὴ τὸν Δί', ἀλλὰ κἀπιτηδεία πάνυ.

ΚΗ. Ἆρ' ἁρμόσει μοι;
ΕΥ.   Νὴ Δί', ἀλλ' ἄριστ' ἔχει.   260
Φέρ' ἔγκυκλον ποῦ;
ΑΓ.   Λάμβαν' ἀπὸ τῆς κλινίδος.

ΘΕΣΜΟΦΟΡΙΑΖΟΥΣΑΙ

ΕΥ. Ὑποδημάτων δεῖ.

ΑΓ.   Τἀμὰ ταυτὶ λάμβανε.

ΚΗ. Ἆρ' ἁρμόσει μοι; Χαλαρὰ γοῦν χαίρεις φορῶν.

ΑΓ. Σὺ τοῦτο γίγνωσκ'. Ἀλλ' — ἔχεις γὰρ ὧν δέει —
εἴσω τις ὡς τάχιστά μ' εἰσκυκλησάτω.   265

ΕΥ. Ἁνὴρ μὲν ἡμῖν οὑτοσὶ καὶ δὴ γυνὴ
τό γ' εἶδος. Ἢν λαλῇς δ', ὅπως τῷ φθέγματι
γυναικιεῖς εὖ καὶ πιθανῶς.
ΚΗ.   Πειράσομαι.

ΕΥ. Βάδιζε τοίνυν.
ΚΗ.   Μὰ τὸν Ἀπόλλω οὔκ, ἤν γε μὴ
ὀμόσῃς ἐμοί—
ΕΥ.   Τί χρῆμα;
ΚΗ.   συσσώσειν ἐμὲ   270
πάσαις τέχναις, ἤν μοί τι περιπίπτῃ κακόν.

ΕΥ. Ὄμνυμι τοίνυν αἰθέρ', οἴκησιν Διός.

ΚΗ. Τί μᾶλλον ἢ τὴν Ἱπποκράτους ξυνοικίαν;

ΕΥ. Ὄμνυμι τοίνυν πάντας ἄρδην τοὺς θεούς.

ΚΗ. Μέμνησο τοίνυν ταῦθ', ὅτι ἡ φρὴν ὤμοσεν,   275
ἡ γλῶττα δ' οὐκ ὀμώμοκ', οὐδ' ὥρκωσ' ἐγώ.

ΕΥ. Ἔκσπευδε ταχέως· ὡς τὸ τῆς ἐκκλησίας
σημεῖον ἐν τῷ Θεσμοφορείῳ φαίνεται.
Ἐγὼ δ' ἄπειμι.
ΚΗ.   Δεῦρό νυν, ὦ Θρᾷτθ', ἕπου.
Ὦ Θρᾷττα, θέασαι, καομένων τῶν λαμπάδων   280
ὅσον τὸ χρῆμ' ἀνέρχεθ' ὑπὸ τῆς λιγνύος.
Ἀλλ', ὦ περικαλλεῖ Θεσμοφόρω, δέξασθέ με
ἀγαθῇ τύχῃ καὶ δεῦρο (καὶ) πάλιν οἴκαδε.
Ὦ Θρᾷττα, τὴν κίστην κάθελε, κᾆτ' ἔξελε
τὰ πόπαν', ὅπως λαβοῦσα θύσω τοῖν θεοῖν.   285
Δέσποινα πολυτίμητε Δήμητερ φίλη
καὶ Φερσέφαττα, πολλὰ πολλάκις μέ σοι
θύειν ἔχουσαν, εἰ δὲ μἀλλὰ νῦν λαθεῖν.
Καὶ τὴν θυγατέρ' εὔχοιρον ἀνδρός μοι τυχεῖν
πλουτοῦντος, ἄλλως δ' ἠλιθίου κἀβελτέρου,   290
καὶ ποσθαλίσκον νοῦν ἔχειν μοι καὶ φρένας.

ΑΡΙΣΤΟΦΑΝΟΥ

Ποῦ ποῦ καθίζωμ' ἐν καλῷ, τῶν ῥητόρων
ἵν' ἐξακούω; Σὺ δ' ἄπιθ', ὦ Θρᾷττ', ἐκποδών·
δούλοις γὰρ οὐκ ἔξεστ' ἀκούειν τῶν λόγων.

ΚΗΡΥΞ ΓΥΝΗ
Εὐφημία ἔστω, εὐφημία ἔστω. Εὔχεσθε τοῖν Θεσ-   295
μοφόροιν, καὶ τῷ Πλούτῳ, καὶ τῇ Καλλιγενείᾳ, καὶ
τῇ Κουροτρόφῳ, καὶ τῷ Ἑρμῇ, καὶ ⟨ταῖς⟩ Χάρισιν,   300
ἐκκλησίαν τήνδε καὶ σύνοδον τὴν νῦν κάλλιστα καὶ
ἄριστα ποιῆσαι, πολυωφελῶς μὲν ⟨τῇ⟩ πόλει τῇ
Ἀθηναίων, τυχηρῶς δ' ὑμῖν αὐταῖς. Καὶ τὴν δρῶ-   305
σαν τὴν ⟨τ'⟩ ἀγορεύουσαν τὰ βέλτιστα περὶ τὸν δῆμον
τὸν Ἀθηναίων καὶ τὸν τῶν γυναικῶν, ταύτην νικᾶν.
Ταῦτ' εὔχεσθε, καὶ ὑμῖν αὐταῖς τἀγαθά. Ἰὴ παιών,   310
ἰὴ παιών, ἰὴ παιών. Χαίρωμεν.

ΧΟΡΟΣ
Δεχόμεσθα καὶ θεῶν γένος
λιτόμεσθα ταῖσδ' ἐπ' εὐχαῖς
φανέντας ἐπιχαρῆναι.
Ζεῦ μεγαλώνυμε χρυσολύρα τε   315
Δῆλον ὃς ἔχεις ἱεράν,
καὶ σύ, παγκρατὲς κόρα
γλαυκῶπι χρυσόλογχε πόλιν
οἰκοῦσα περιμάχητον, ἐλθὲ δεῦρο·
καὶ πολυώνυμε θηροφόνη,   320
Λατοῦς χρυσώπιδος ἔρνος,
σύ τε, πόντιε σεμνὲ Πόσειδον
ἁλιμέδον,
προλιπὼν μυχὸν ἰχθυόεντα
οἰστροδόνητον, Νηρέος εἰναλίου τε κόραι   325
Νύμφαι τ' ὀρείπλαγκτοι.
Χρυσέα δὲ φόρμιγξ
ἰαχήσειεν ἐπ' εὐχαῖς
ἡμετέραις· τελέως δ' ἐκ-
κλησιάσαιμεν Ἀθηνῶν
εὐγενεῖς γυναῖκες.   330

ΚΗΡ. ΓΥ. Εὔχεσθε τοῖς θεοῖσι τοῖς Ὀλυμπίοις
καὶ ταῖς Ὀλυμπίαισι, καὶ τοῖς Πυθίοις
καὶ ταῖσι Πυθίαισι, καὶ τοῖς Δηλίοις
καὶ ταῖσι Δηλίαισι, τοῖς τ' ἄλλοις θεοῖς.
Εἴ τις ἐπιβουλεύει τι τῷ δήμῳ κακὸν   335
τῷ τῶν γυναικῶν, ἢ 'πικηρυκεύεται
Εὐριπίδῃ Μήδοις ⟨τ'⟩ ἐπὶ βλάβῃ τινὶ

ΘΕΣΜΟΦΟΡΙΑΖΟΥΣΑΙ

τῇ τῶν γυναικῶν, ἢ τυραννεῖν ἐπινοεῖ,
ἢ τὸν τύραννον συγκατάγειν, ἢ παιδίον
ὑποβαλλομένης κατεῖπεν, ἢ δούλη τινὸς   340
προαγωγὸς οὖσ' ἐνετρύλισεν τῷ δεσπότῃ,
ἢ πεμπομένη τις ἀγγελίας ψευδεῖς φέρει,
ἢ μοιχὸς εἴ τις ἐξαπατᾷ ψευδῆ λέγων
καὶ μὴ δίδωσιν ἃν ὑπόσχηταί ποτε,
ἢ δῶρά τις δίδωσι μοιχῷ γραῦς γυνή,   345
ἢ καὶ δέχεται προδιδοῦσ' ἑταίρα τὸν φίλον,
κεἴ τις κάπηλος ἢ καπηλὶς τοῦ χοὸς
ἢ τῶν κοτυλῶν τὸ νόμισμα διαλυμαίνεται,
κακῶς ἀπολέσθαι τοῦτον αὐτὸν κᾦκίαν
ἀρᾶσθε, ταῖς δ' ἄλλαισιν ὑμῖν τοὺς θεοὺς   350
εὔχεσθε πάσαις πολλὰ δοῦναι κἀγαθά.

ΧΟ.   Ξυνευχόμεθα τέλεα μὲν
πόλει, τέλεα δὲ δήμῳ
τάδ' εὔγματα γενέσθαι,
τὰ δ' ἄρισθ' ὅσαις προσήκει   355
νικᾶν λεγούσαις. Ὁπόσαι δ'
ἐξαπατῶσιν παραβαίνουσί τε τοὺς
ὅρκους τοὺς νενομισμένους
κερδῶν οὕνεκ' ἐπὶ βλάβῃ,   360
ἢ ψηφίσματα καὶ νόμον
ζητοῦσ' ἀντιμεθιστάναι,
τἀπόρρητά τε τοῖσιν ἐ-
χθροῖς τοῖς ἡμετέροις λέγουσ',
ἢ Μήδους ἐπάγουσι τῆς   365
χώρας οὕνεκα (τοῦ κρατεῖν)
ἀσεβοῦσ' ἀδικοῦσί τε τὴν πόλιν.
Ἀλλ', ὦ παγκρατὲς
Ζεῦ, ταῦτα κυρώσειας, ὥσθ'
ἡμῖν θεοὺς παραστατεῖν,   370
καίπερ γυναιξὶν οὔσαις.

ΚΗΡ. ΓΥ. "Ακουε πᾶσ'. Ἔδοξε τῇ βουλῇ τάδε
τῇ τῶν γυναικῶν· Τιμόκλει' ἐπεστάτει,
Λύσιλλ' ἐγραμμάτευεν, εἶπε Σωστράτη·
ἐκκλησίαν ποιεῖν ἕωθεν τῇ μέσῃ   375
τῶν Θεσμοφορίων, ᾗ μάλισθ' ἡμῖν σχολή,
καὶ χρηματίζειν πρῶτα περὶ Εὐριπίδου,
ὅ τι χρὴ παθεῖν ἐκεῖνον· ἀδικεῖν γὰρ δοκεῖ
ἡμῖν ἁπάσαις. Τίς ἀγορεύειν βούλεται;

ΑΡΙΣΤΟΦΑΝΟΥ

ΓΥΝΗ Α΄ '
Ἐγώ.
ΚΗΡ. ΓΥ.   Περίθου νυν τόνδε πρῶτον πρὶν λέγειν.   380

ΧΟ.   Σίγα, σιώπα, πρόσεχε τὸν νοῦν· χρέμπτεται γὰρ ἤδη
ὅπερ ποιοῦσ᾽ οἱ ῥήτορες. Μακρὰν ἔοικε λέξειν.

ΓΥ. Α΄   Φιλοτιμίᾳ μὲν οὐδεμιᾷ μὰ τὼ θεὼ
λέξουσ᾽ ἀνέστην, ὦ γυναῖκες· ἀλλὰ γὰρ
βαρέως φέρω τάλαινα πολὺν ἤδη χρόνον,   385
προπηλακιζομένας ὁρῶσ᾽ ἡμᾶς ὑπὸ
Εὐριπίδου τοῦ τῆς λαχανοπωλητρίας
καὶ πολλὰ καὶ παντοῖ᾽ ἀκουούσας κακά.
Ποῦ δ᾽ οὐχὶ διαβέβληχ᾽, ὅπουπερ ἔμβραχυ   390
εἰσὶν θεαταὶ καὶ τραγῳδοὶ καὶ χοροί,
τὰς μοιχοτρόπους, τὰς ἀνδρεραστρίας καλῶν,
τὰς οἰνοπίπας, τὰς προδότιδας, τὰς λάλους,
τὰς οὐδὲν ὑγιές, τὰς μέγ᾽ ἀνδράσιν κακόν·
Ὥστ᾽ εὐθὺς εἰσιόντες ἀπὸ τῶν ἰκρίων   395
ὑποβλέπουσ᾽ ἡμᾶς σκοποῦνταί τ᾽ εὐθέως
μὴ μοιχὸς ἔνδον ᾖ τις ἀποκεκρυμμένος.
Δρᾶσαι δ᾽ ἔθ᾽ ἡμῖν οὐδὲν ὧνπερ καὶ πρὸ τοῦ
ἔξεστι· τοιαῦθ᾽ οὗτος ἐδίδαξεν κακὰ
τοὺς ἄνδρας ἡμῶν. Ὥστ᾽ ἐάν τίς ⟨τινα⟩ πλέκῃ   400
γυνὴ στέφανον, ἐρᾶν δοκεῖ· κἂν ἐκβάλῃ
σκεῦός τι κατὰ τὴν οἰκίαν πλανωμένη,
ἀνὴρ ἐρωτᾷ· "Τῷ κατέαγεν ἡ χύτρα;
Οὐκ ἔσθ᾽ ὅπως οὐ τῷ Κορινθίῳ ξένῳ."
Κάμνει κόρη τις, εὐθὺς ἀδελφὸς λέγει·   405
"Τὸ χρῶμα τοῦτό μ᾽ οὐκ ἀρέσκει τῆς κόρης."
Εἶεν. Γυνή τις ὑποβαλέσθαι βούλεται
ἀποροῦσα παίδων, οὐδὲ τοῦτ᾽ ἔστιν λαθεῖν.
Ἄνδρες γὰρ ἤδη παρακάθηνται πλησίον·
πρὸς τοὺς γέροντάς θ᾽ οἳ πρὸ τοῦ τὰς μείρακας   410
ἤγοντο, διαβέβληκεν, ὥστ᾽ οὐδεὶς γέρων
γαμεῖν ἐθέλει γυναῖκα διὰ τοὔπος τοδί·
"Δέσποινα γὰρ γέροντι νυμφίῳ γυνή."
Εἶτα διὰ τοῦτον ταῖς γυναικωνίτισιν
σφραγῖδας ἐπιβάλλουσιν ἤδη καὶ μοχλοὺς   415
τηροῦντες ἡμᾶς, καὶ προσέτι Μολοττικοὺς
τρέφουσι μορμολυκεῖα τοῖς μοιχοῖς κύνας.
Καὶ ταῦτα μὲν ξυγγνώσθ᾽· ἃ δ᾽ ἦν ἡμῖν πρὸ τοῦ
αὐταῖς ταμιεῦσαι καὶ προαιρούσαις λαθεῖν
ἄλφιτον, ἔλαιον, οἶνον, οὐδὲ ταῦτ᾽ ἔτι   420

ΘΕΣΜΟΦΟΡΙΑΖΟΥΣΑΙ

ἔξεστιν. Οἱ γὰρ ἄνδρες ἤδη κλειδία
αὐτοὶ φοροῦσι κρυπτά, κακοηθέστατα,
Λακωνίκ' ἄττα, τρεῖς ἔχοντα γομφίους.
Πρὸ τοῦ μὲν οὖν ἦν ἀλλ' ὑποῖξαι τὴν θύραν
ποιησαμέναισι δακτύλιον τριωβόλου·   425
νῦν δ' οὗτος αὐτοὺς ᾠκότριψ Εὐριπίδης
ἐδίδαξε θριπήδεστ' ἔχειν σφραγίδια
ἐξαψαμένους. Νῦν οὖν ἐμοὶ τούτῳ δοκεῖ
ὄλεθρόν τιν' ἡμᾶς κυρκανᾶν ἀμωσγέπως,
ἢ φαρμάκοισιν ἢ μιᾷ γέ τῳ τέχνῃ,   430
ὅπως ἀπολεῖται. Ταῦτ' ἐγὼ φανερῶς λέγω·
τὰ δ' ἄλλα μετὰ τῆς γραμματέως συγγράψομαι.

ΧΟ.   Οὔπω ταύτης ἤκουσα   Στρ.
           πολυπλοκωτέρας γυναικὸς
           οὐδὲ δεινότερον λεγούσης.   435
           Πάντα γὰρ λέγει δίκαια·
           πάσας δ' ἰδέας ἐξήτασεν,
           πάντα δ' ἐβάστασε φρενὶ πυκνῶς τε
           ποικίλους λόγους ἀνηῦρεν
           εὖ διεζητημένους.
           Ὥστ' ἂν εἰ λέγοι παρ' αὐτὴν   440
           Ξενοκλέης ὁ Καρκίνου, δο-
           κεῖν ἂν αὐτόν, ὡς ἐγῷμαι,
           πᾶσιν ὑμῖν
           ἄντικρυς μηδὲν λέγειν.

ΓΥΝΗ Β´
           Ὀλίγων ἕνεκα καὐτὴ παρῆλθον ῥημάτων.
           Τὰ μὲν γὰρ ἄλλ' αὕτη κατηγόρηκεν εὖ·
           ἃ δ' ἐγὼ πέπονθα, ταῦτα λέξαι βούλομαι.   445
           Ἐμοὶ γὰρ ἀνὴρ ἀπέθανεν μὲν ἐν Κύπρῳ
           παιδάρια πέντε καταλιπών, ἀγὼ μόλις
           στεφανηπλοκοῦσ' ἔβοσκον ἐν ταῖς μυρρίναις.
           Τέως μὲν οὖν ἀλλ' ἡμικάκως ἐβοσκόμην·
           νῦν δ' οὗτος ἐν ταῖσιν τραγῳδίαις ποιῶν   450
           τοὺς ἄνδρας ἀναπέπεικεν οὐκ εἶναι θεούς·
           ὥστ' οὐκέτ' ἐμπολῶμεν οὐδ' εἰς ἥμισυ.
           Νῦν οὖν ἁπάσαισιν παραινῶ καὶ λέγω
           τοῦτον κολάσαι τὸν ἄνδρα πολλῶν οὕνεκα·
           ἄγρια γὰρ ἡμᾶς, ὦ γυναῖκες, δρᾷ κακά,   455
           ἅτ' ἐν ἀγρίοισι τοῖς λαχάνοις αὐτὸς τραφείς.
           Ἀλλ' εἰς ἀγορὰν ἄπειμι· δεῖ γὰρ ἀνδράσιν
           πλέξαι στεφάνους ξυνθηματιαίους εἴκοσιν.

ΧΟ. Ἕτερον αὖ τι λῆμα τοῦτο
κομψότερον ἔτ᾽ ἢ τὸ πρότερον 460
ἀναπέφηνεν.
Οἷα κατεστωμύλατο
οὐκ ἄκαιρα, φρένας ἔχουσα
καὶ πολύπλοκον νόημ᾽, οὐδ᾽
ἀσύνετ᾽, ἀλλὰ πιθανὰ πάντα.
Δεῖ δὲ ταύτης τῆς ὕβρεως ἡμῖν τὸν ἄνδρα
περιφανῶς δοῦναι δίκην. 465

ΚΗ. Τὸ μέν, ὦ γυναῖκες, ὀξυθυμεῖσθαι σφόδρα
Εὐριπίδῃ, τοιαῦτ᾽ ἀκουούσας κακά,
οὐ θαυμάσιόν ἐστ᾽, οὐδ᾽ ἐπιζεῖν τὴν χολήν.
Καὐτὴ γὰρ ἔγωγ᾽ — οὕτως ὀναίμην τῶν τέκνων —
μισῶ τὸν ἄνδρ᾽ ἐκεῖνον, εἰ μὴ μαίνομαι. 470
Ὅμως δ᾽ ἐν ἀλλήλαισι χρὴ δοῦναι λόγον·
αὐταὶ γάρ ἐσμεν, κοὐδεμί᾽ ἔκφορος λόγου.
Τί ταῦτ᾽ ἔχουσαι 'κεῖνον αἰτιώμεθα
βαρέως τε φέρομεν, εἰ δύ᾽ ἡμῶν ἢ τρία
κακὰ ξυνειδὼς εἶπε δρώσας μυρία; 475
Ἐγὼ γὰρ αὐτὴ πρῶτον, ἵνα μάλλην λέγω,
ξύνοιδ᾽ ἐμαυτῇ πολλὰ (δείν᾽·) ἐκεῖνο δ᾽ οὖν
δεινότατον, ὅτε νύμφη μὲν ἦν τρεῖς ἡμέρας,
ὁ δ᾽ ἀνὴρ παρ᾽ ἐμοὶ καθηῦδεν. Ἦν δέ μοι φίλος,
ὅσπερ με διεκόρησεν οὖσαν ἑπτέτιν. 480
Οὗτος πόθῳ μου 'κνυεν ἐλθὼν τὴν θύραν·
κᾆτ᾽ εὐθὺς ἔγνων· εἶτα καταβαίνω λάθρᾳ.
Ὁ δ᾽ ἀνὴρ ἐρωτᾷ· "Ποῖ σὺ καταβαίνεις;" "Ὅποι;
Στρόφος μ᾽ ἔχει τὴν γαστέρ᾽, ὦνερ, κὠδύνη·
εἰς τὸν κοπρῶν᾽ οὖν ἔρχομαι." "Βάδιζέ νυν." 485
Κᾆθ᾽ ὁ μὲν ἔτριβε κεδρίδας, ἄννηθον, σφάκον·
ἐγὼ δὲ καταχέασα τοῦ στροφέως ὕδωρ
ἐξῆλθον ὡς τὸν μοιχόν· εἶτ᾽ ἠρειδόμην
παρὰ τὸν Ἀγυιᾶ κῦβδ᾽, ἐχομένη τῆς δάφνης.
Ταῦτ᾽ οὐδεπώποτ᾽ εἶφ᾽, ὁρᾶτ᾽, Εὐριπίδης· 490
οὐδ᾽ ὡς ὑπὸ τῶν δούλων τε κὠρεωκόμων
σποδούμεθ᾽, ἢν μὴ 'χωμεν ἕτερον, οὐ λέγει·
οὐδ᾽ ὡς ὅταν μάλισθ᾽ ὑπό του ληκώμεθα
τὴν νύχθ᾽, ἕωθεν σκόροδα διαμασώμεθα,
ἵν᾽ ὀσφρόμενος ἀνὴρ ἀπὸ τείχους εἰσιὼν 495
μηδὲν κακὸν δρᾶν ὑποτοπῆται. Ταῦθ᾽, ὁρᾶς,
οὐπώποτ᾽ εἶπεν. Εἰ δὲ Φαίδραν λοιδορεῖ,
ἡμῖν τί τοῦτ᾽ ἔστ᾽; Οὐδ᾽ ἐκεῖν᾽ εἴρηκέ πω,
ὡς ἡ γυνὴ δεικνῦσα τἀνδρὶ τοὔγκυκλον·

ΘΕΣΜΟΦΟΡΙΑΖΟΥΣΑΙ

(ἰδεῖν) ὑπ' αὐγὰς οἷον, ἐγκεκαλυμμένον   500
τὸν μοιχὸν ἐξέπεμψεν, οὐκ εἴρηκέ πω.
Ἑτέραν δ' ἐγῷδ' ἣ 'φασκεν ὠδίνειν γυνὴ
δέχ' ἡμέρας, ἕως ἐπρίατο παιδίον.
Ὁ δ' ἀνὴρ περιήρχετ' ὠκυτόκι' ὠνούμενος·
τὸ δ' εἰσέφερε γραῦς ἐν χύτρᾳ, τὸ παιδίον,   505
ἵνα μὴ βοῴη, κηρίῳ βεβυσμένον.
Εἶθ' ὡς ἔνευσεν ἡ φέρουσ', εὐθὺς βοᾷ·
"Ἄπελθ' ἄπελθ', ἤδη γάρ, ὦνέρ, μοι δοκῶ
τέξειν." Τὸ γὰρ ἦτρον τῆς χύτρας ἐλάκτισεν.
Χὠ μὲν γεγηθὼς ἔτρεχεν, ἡ δ' ἐξέσπασεν   510
ἐκ τοῦ στόματος τοῦ παιδίου, τὸ δ' ἀνέκραγεν.
Εἶθ' ἡ μιαρὰ γραῦς, ἣ 'φερεν τὸ παιδίον,
θεῖ μειδιῶσα πρὸς τὸν ἄνδρα καὶ λέγει·
"Λέων λέων σοι γέγονεν, αὐτέκμαγμα σόν,
τά τ' ἄλλ' ἁπαξάπαντα καὶ τὸ πόσθιον   515
τῷ σῷ προσόμοιον, στρεβλὸν ὥσπερ κύτταρον."
Ταῦτ' οὐ ποιοῦμεν τὰ κακά; Νὴ τὴν Ἄρτεμιν
ἡμεῖς γε. Κᾆτ' Εὐριπίδῃ θυμούμεθα,
οὐδὲν παθοῦσαι μεῖζον ἢ δεδράκαμεν;

ΧΟ.   Τουτὶ μέντοι θαυμαστόν,   Αντ. 520
     ὁπόθεν ηὑρέθη τὸ χρῆμα,
     χἤτις ἐξέθρεψε χώρα
     τήνδε τὴν θρασεῖαν οὕτω.
     Τάδε γὰρ εἰπεῖν τὴν πανοῦργον
     κατὰ τὸ φανερὸν ὧδ' ἀναιδῶς   525
     οὐκ ἂν ᾠόμην ἐν ἡμῖν
     οὐδὲ τολμῆσαί ποτ' ἄν.
     Ἀλλὰ πᾶν γένοιτ' ἂν ἤδη.
     Τὴν παροιμίαν δ' ἐπαινῶ
     τὴν παλαιάν· ὑπὸ λίθῳ γὰρ
     παντί που χρὴ
     μὴ δάκῃ ῥήτωρ ἀθρεῖν.   530

Ἀλλ' οὐ γάρ ἐστι τῶν ἀναισχύντων φύσει γυναικῶν
οὐδὲν κάκιον εἰς ἄπαντα πλὴν ἄρ' εἰ γυναῖκες.

ΓΥ. Α′   Οὔ τοι μὰ τὴν Ἄγλαυρον, ὦ γυναῖκες, εὖ φρονεῖτε,
ἀλλ' ἢ πεφάρμαχθ' ἢ κακόν τι μέγα πεπόνθατ' ἄλλο,
ταύτην ἐῶσαι τὴν φθόρον τοιαῦτα περιυβρίζειν   535
ἡμᾶς ἁπάσας. Εἰ μὲν οὖν τις ἔστιν — εἰ δὲ μή, ἡμεῖς
αὐταί τε καὶ τὰ δουλάρια τέφραν ποθὲν λαβοῦσαι
ταύτης ἀποψιλώσομεν τὸν χοῖρον, ἵνα διδαχθῇ
γυνὴ γυναῖκας οὖσα μὴ κακῶς λέγειν τὸ λοιπόν.

ΚΗ. Μὴ δῆτα τόν γε χοῖρον, ὦ γυναῖκες. Εἰ γὰρ οὔσης   540
παρρησίας κἀξὸν λέγειν ὅσαι πάρεσμεν αὐταί,
εἶτ' εἶπον ἀγίγνωσκον ὑπὲρ Εὐριπίδου δίκαια,
διὰ τοῦτο τιλλομένην με δεῖ δοῦναι δίκην ὑφ' ὑμῶν;

ΓΥ. Α΄ Οὐ γάρ σε δεῖ δοῦναι δίκην; Ἥτις μόνη τέτληκας
ὑπὲρ ἀνδρὸς ἀντειπεῖν, ὃς ἡμᾶς πολλὰ κακὰ δέδρακε   545
ἐπίτηδες εὑρίσκων λόγους, ὅπου γυνὴ πονηρὰ
ἐγένετο, Μελανίππας ποιῶν Φαίδρας τε· Πηνελόπην δὲ
οὐπώποτ' ἐπόιησ', ὅτι γυνὴ σώφρων ἔδοξεν εἶναι.

ΚΗ. Ἐγὼ γὰρ οἶδα ταἴτιον. Μίαν γὰρ οὐκ ἂν εἴποις
τῶν νῦν γυναικῶν Πηνελόπην, Φαίδρας ἁπαξαπάσας.   550

ΓΥ. Α΄ Ἀκούετ', ὦ γυναῖκες, οἳ' εἴρηκεν ἡ πανοῦργος
ἡμᾶς ἁπάσας αὖθις αὖ.
ΚΗ.   Καὶ νὴ Δί' οὐδέπω γε
εἴρηχ' ὅσα ξύνοιδ'· ἐπεὶ βούλεσθε πλείον' εἴπω;

ΓΥ. Α΄
Ἀλλ' οὐκ ἂν ἔτ' ἔχοις· ὅσα γὰρ ᾔδησθ' ἐξέχεας ἅπαντα.

ΚΗ. Μὰ Δί' οὐδέπω τὴν μυριοστὴν μοῖραν ὧν ποιοῦμεν.   555
Ἐπεὶ τάδ' οὐκ εἴρηχ', ὁρᾷς, ὡς στλεγγίδας λαβοῦσαι
ἔπειτα σιφωνίζομεν τὸν οἶνον —
ΓΥ. Α΄   Ἐπιτριβείης.

ΚΗ. ὥς τ' αὖ τὰ κρέ' ἐξ Ἀπατουρίων ταῖς μαστροποῖς διδοῦσαι
ἔπειτα τὴν γαλῆν φαμεν —
ΓΥ. Α΄   Τάλαιν' ἐγώ· φλυαρεῖς.

ΚΗ. Οὐδ' ὡς ἑτέρα τὸν ἄνδρα τῷ πελέκει κατεσπόδησεν,   560
οὐκ εἶπον· οὐδ' ὡς φαρμάκοις ἑτέρα τὸν ἄνδρ' ἔμηνεν,
οὐδ' ὡς ὑπὸ τῇ πυέλῳ κατώρυξέν ποτ' —
ΓΥ. Α΄   Ἐξόλοιο.

ΚΗ. Ἀχαρνικὴ τὸν πατέρα.
ΓΥ. Α΄   Ταῦτα δῆτ' ἀνέκτ' ἀκούειν;

ΚΗ. Οὐδ' ὡς σὺ τῆς δούλης τεκούσης ἄρρεν εἶτα σαυτῇ
τοῦθ' ὑπεβάλου, τὸ σὸν δὲ θυγάτριον παρῆκας αὐτῇ.   565

ΓΥ. Α΄ Οὔ τοι μὰ τὼ θεὼ σὺ καταπροίξει λέγουσα ταυτί,
ἀλλ' ἐκποκιῶ σου τὰς ποκάδας.

ΘΕΣΜΟΦΟΡΙΑΖΟΥΣΑΙ

ΚΗ.   Οὔ τοι μὰ Δία σύ γ' ἅψει.

ΓΥ. Α΄ Καὶ μὴν ἰδού.
ΚΗ.   Καὶ μὴν ἰδού.
ΓΥ. Α'   Λαβὲ θοἰμάτιον, Φιλίστη.

ΚΗ. Πρόσθιγε μόνον, κἀγώ σε νὴ τὴν Ἄρτεμιν —
ΓΥ. Α'   Τί δράσεις;

ΚΗ. τὸν σησαμοῦνθ' ὃν κατέφαγες, τοῦτον χεσεῖν ποιήσω.   570

ΧΟ. Παύσασθε λοιδορούμεναι· καὶ γὰρ γυνή τις ἡμῖν
ἐσπουδακυῖα προστρέχει. Πρὶν οὖν ὁμοῦ γενέσθαι,
σιγᾶθ', ἵν' αὐτῆς κοσμίως πυθώμεθ' ἄττα λέξει.

ΚΛΕΙΣΘΕΝΗΣ
Φίλαι γυναῖκες, ξυγγενεῖς τοὐμοῦ τρόπου,
ὅτι μὲν φίλος εἴμ' ὑμῖν, ἐπίδηλος ταῖς γνάθοις.   575
Γυναικομανῶ γὰρ προξενῶ θ' ὑμῶν ἀεί.
Καὶ νῦν ἀκούσας πρᾶγμα περὶ ὑμῶν μέγα
ὀλίγῳ τι πρότερον κατ' ἀγορὰν λαλούμενον,
ἥκω φράσων τοῦτ' ἀγγελῶν θ' ὑμῖν, ἵνα
σκοπῆτε καὶ τηρῆτε μὴ καὶ προσπέσῃ   580
ὑμῖν ἀφράκτοις πρᾶγμα δεινὸν καὶ μέγα.

ΧΟ. Τί δ' ἐστίν, ὦ παῖ; Παῖδα γάρ σ' εἰκὸς καλεῖν,
ἕως ἂν οὕτως τὰς γνάθους ψιλὰς ἔχῃς.

ΓΥ. Γ΄ Εὐριπίδην φάσ' ἄνδρα κηδεστήν τινα
αὑτοῦ γέροντα δεῦρ' ἀναπέμψαι τήμερον.   585

ΧΟ. Πρὸς ποῖον ἔργον ἢ τίνος γνώμης χάριν;

ΓΥ. Γ' Ἵν' ἄττα βουλεύοισθε καὶ μέλλοιτε δρᾶν,
ἐκεῖνος εἴη τῶν λόγων κατάσκοπος.

ΧΟ. Καὶ πῶς λέληθεν ἐν γυναιξὶν ὢν ἀνήρ;

ΓΥ. Γ' Ἀφηῦσεν αὐτὸν κἀπέτιλ' Εὐριπίδης   590
καὶ τἆλλ' ἅπανθ' ὥσπερ γυναῖκ' ἐσκεύασεν.

ΚΗ. Πείθεσθε τούτῳ ταῦτα; Τίς δ' οὕτως ἀνὴρ
ἠλίθιος ὅστις τιλλόμενος ἠνείχετο;
Οὐκ οἴομαι 'γωγ', ὦ πολυτιμήτω θεώ.

ΓΥ. Γ' Ληρεῖς. Ἐγὼ γὰρ οὐκ ἂν ἦλθον ἀγγελῶν, 595
εἰ μὴ 'πεπύσμην ταῦτα τῶν σάφ' εἰδότων.

ΧΟ. Τὸ πρᾶγμα τουτὶ δεινὸν εἰσαγγέλλεται.
Ἀλλ', ὦ γυναῖκες, οὐκ ἐλινύειν ἐχρῆν,
ἀλλὰ σκοπεῖν τὸν ἄνδρα καὶ ζητεῖν ὅπου
λέληθεν ἡμᾶς κρυπτὸς ἐγκαθήμενος. 600
Καὶ σὺ ξυνέξευρ' αὐτόν, ὡς ἂν τὴν χάριν
ταύτην τε κἀκείνην ἔχῃς, ὦ πρόξενε.

ΓΥ. Γ' Φέρ' ἴδω, τίς εἶ πρώτη σύ;
ΚΗ. Ποῖ τις τρέψεται;

ΓΥ. Γ' Ζητητέαι γάρ ἐστε.
ΚΗ. Κακοδαίμων ἐγώ.

ΓΥ. Α' Ἔμ' ἥτις ⟨εἴμ'⟩ ἤρου; Κλεωνύμου γυνή. 605

ΓΥ. Γ' Γιγνώσκεθ' ὑμεῖς ἥτις ἔσθ' ἡδὶ γυνή;

ΧΟ. Γιγνώσκομεν δῆτ'· ἀλλὰ τὰς ἄλλας ἄθρει.

ΓΥ. Γ' Ἡδὶ δὲ δὴ τίς ἐστιν, ἡ τὸ παιδίον
ἔχουσα;
ΓΥ. Α' Τίτθη νὴ Δί' ἐμή.
ΚΗ. Διοίχομαι.

ΓΥ. Γ' Αὕτη σύ, ποῖ στρέφει; Μέν' αὐτοῦ. Τί τὸ κακόν; 610

ΚΗ. Ἔασον οὐρῆσαί μ'· ἀναίσχυντός ⟨τις⟩ εἶ.

ΓΥ. Γ' Σὺ δ' οὖν πόιει τοῦτ'. Ἀναμενῶ γὰρ ἐνθάδε.

ΧΟ. Ἀνάμενε δῆτα καὶ σκόπει γ' αὐτὴν σφόδρα·
μόνην γὰρ αὐτήν, ὦνερ, οὐ γιγνώσκομεν.

ΓΥ. Γ' Πολύν γε χρόνον οὐρεῖς σύ.
ΚΗ. Νὴ Δί', ὦ μέλε, 615
στραγγουριῶ γάρ· ἐχθὲς ἔφαγον κάρδαμα.

ΓΥ. Γ' Τί καρδαμίζεις; Οὐ βαδιεῖ δεῦρ' ὡς ἐμέ;
ΚΗ. Τί δῆτά μ' ἕλκεις ἀσθενοῦσαν;
ΓΥ. Γ' Εἰπέ μοι,
τίς ἔστ' ἀνήρ σοι;
ΚΗ. Τὸν ἐμὸν ἄνδρα πυνθάνει;

ΘΕΣΜΟΦΟΡΙΑΖΟΥΣΑΙ

Τὸν δεῖνα γιγνώσκεις, τὸν ἐκ Κοθωκιδῶν;   620

ΓΥ. Γ′ Τὸν δεῖνα; Ποῖον;
ΚΗ.   Ἔσθ' ὁ δεῖν', ὃς καί ποτε
τὸν δεῖνα, τὸν τοῦ δεῖνα —
ΓΥ. Γ′   Ληρεῖν μοι δοκεῖς.
Ἀνῆλθες ἤδη δεῦρο πρότερον;
ΚΗ.   Νὴ Δία
ὁσέτη γε.
ΓΥ. Γ′   Καὶ τίς σούστὶ συσκηνήτρια;

ΚΗ. Ἡ δεῖν' ἔμοιγ'. Οἴμοι τάλας.
ΓΥ. Γ′   Οὐδὲν λέγεις.   625

ΓΥ. Α′ Ἄπελθ'. Ἐγὼ γὰρ βασανιῶ ταύτην καλῶς
ἐκ τῶν ἱερῶν τῶν πέρυσι. Σὺ δ' ἀπόστηθί μοι,
ἵνα μὴ 'πακούσῃς ὢν ἀνήρ. Σὺ δ' εἰπέ μοι
ὅ τι πρῶτον ἡμῖν τῶν ἱερῶν ἐδείκνυτο.

ΚΗ. Φέρ' ἴδω, τί μέντοι πρῶτον ἦν; Ἐπίνομεν.   630

ΓΥ. Α′ Τί δὲ μετὰ τοῦτο δεύτερον;
ΚΗ.   Προὐπίνομεν.

ΓΥ. Α′ Ταυτὶ μὲν ἤκουσάς τινος. Τί δαὶ τρίτον;

ΚΗ. Σκάφιον Ξένυλλ' ᾔτησεν· οὐ γὰρ ἦν ἀμίς.

ΓΥ. Α′ Οὐδὲν λέγεις. Δεῦρ' ἐλθέ, δεῦρ', ὦ Κλείσθενες.
Ὅδ' ἐστὶν ἀνὴρ ὃν λέγεις.
ΓΥ. Γ′   Τί οὖν ποιῶ;   635

ΓΥ. Α′ Ἀπόδυσον αὐτόν· οὐδὲν ὑγιὲς γὰρ λέγει.

ΚΗ. Κἄπειτ' ἀποδύσετ' ἐννέα παίδων μητέρα;

ΓΥ. Γ′ Χάλα ταχέως τὸ στρόφιον, ὦναίσχυντε σύ.

ΓΥ. Α′ Ὡς καὶ στιβαρά τις φαίνεται καὶ καρτερά·
καὶ νὴ Δία τιτθούς γ' ὥσπερ ἡμεῖς οὐκ ἔχει.   640

ΚΗ. Στερίφη γάρ εἰμι κοὐκ ἐκύησα πώποτε.

ΓΥ. Α′ Νῦν· τότε δὲ μήτηρ ἦσθα παίδων ἐννέα.

ΑΡΙΣΤΟΦΑΝΟΥ

ΓΥ. Γ΄ Ἀνίστασ' ὀρθός. Ποῖ τὸ πέος ὠθεῖς κάτω;

ΓΥ. Α΄ Τοδὶ διέκυψε καὶ μάλ' εὔχρων. Ὦ τάλαν.

ΓΥ. Γ΄ Καὶ ποῦ 'στιν;
ΓΥ. Α΄ Αὖθις εἰς τὸ πρόσθεν οἴχεται. 645

ΓΥ. Γ΄ Οὐκ ἐγγεταυθί.
ΓΥ. Α΄ Μάλλὰ δεῦρ' ἥκει πάλιν.

ΓΥ. Γ΄ Ἰσθμόν τιν' ἔχεις, ἄνθρωπ'· ἄνω τε καὶ κάτω
τὸ πέος διέλκεις πυκνότερον Κορινθίων.

ΓΥ. Α΄ Ὦ μιαρὸς οὗτος. Ταῦτ' ἄρ' ὑπὲρ Εὐριπίδου
ἡμῖν ἐλοιδορεῖτο.
ΚΗ. Κακοδαίμων ἐγώ, 650
εἰς οἷ' ἐμαυτὸν εἰσεκύλισα πράγματα.

ΓΥ. Α΄ Ἄγε δή, τί δρῶμεν;
ΓΥ. Γ΄ Τουτονὶ φυλάττετε
καλῶς, ὅπως μὴ διαφυγὼν οἰχήσεται·
ἐγὼ δὲ ταῦτα τοῖς πρυτάνεσιν ἀγγελῶ.

ΧΟ.
Ἡμᾶς τοίνυν μετὰ τοῦτ' ἤδη τὰς λαμπάδας ἀψαμένας χρὴ 655
ξυζωσαμένας εὖ κἀνδρείως τῶν θ' ἱματίων ἀποδύσας
ζητεῖν, εἴ που κἄλλος τις ἀνὴρ ἐσελήλυθε, καὶ περιθρέξαι
τὴν πύκνα πᾶσαν καὶ τὰς σκηνὰς καὶ τὰς διόδους διαθρῆσαι.

Εἶα δὴ πρώτιστα μὲν χρὴ κοῦφον ἐξορμᾶν πόδα
καὶ διασκοπεῖν σιωπῇ πανταχῇ. Μόνον δὲ χρὴ 660
μὴ βραδύνειν, ὡς ὁ καιρός ἐστι μὴ μέλλειν ἔτι.
Ἀλλὰ τὴν πρώτην τρέχειν χρῆν ὡς τάχιστ' ἤδη κύκλῳ.

Εἶά νυν ἴχνευε καὶ μά-
τευε ταχὺ πάντ', εἴ τις ἐν τό-
ποις ἑδραίοις
Πανταχῇ δὲ ῥῖψον ὄμμα, 665
καὶ τὰ τῇδε καὶ τὰ δεῦρο
πάντ' ἀνασκόπει καλῶς.

Ἢν γάρ με λάθῃ δράσας ἀνόσια,
δώσει τε δίκην καὶ πρὸς τούτῳ
τοῖς ἄλλοις ἀνδράσιν ἔσται
παράδειγμ' ὕβρεως ἀδίκων τ' ἔργων 670

ἀθέων τε τρόπων·
φήσει δ' εἶναί τε θεοὺς φανερῶς,
δείξει τ' ἤδη
πᾶσιν ἀνθρώποις σεβίζειν δαίμονας
δικαίως τ' ἐφέπειν ὅσια καὶ νόμιμα 675
μηδομένους ποιεῖν ὅ τι καλῶς ἔχει.
Κἂν μὴ ποιῶσι ταῦτα τοιάδ' ἔσται·
αὐτῶν ὅταν ληφθῇ τις ὅσια (μὴ) δρῶν,
μανίαις φλέγων λύσσῃ παράκο- 680
πος, εἴ τι δρῴη, πᾶσιν ἐμφανὴς ὁρᾶν
ἔσται γυναιξὶ καὶ βροτοῖς
ὅτι τὰ παράνομα τά τ' ἀνόσια
θεὸς παραχρῆμ' ἀποτίνεται. 685

Ἀλλ' ἔοιχ' ἡμῖν ἅπαντά πως διεσκέφθαι καλῶς.
Οὐχ ὁρῶμεν γοῦν ἔτ' ἄλλον οὐδέν' ἐγκαθήμενον.

ΓΥ. Α' Ἃ ποῖ σὺ φεύγεις; Οὗτος οὗτος, οὐ μενεῖς;
Τάλαιν' ἐγώ, τάλαινα· καὶ τὸ παιδίον 690
ἐξαρπάσας μοι φροῦδος ἀπὸ τοῦ τιτθίου.

ΚΗ. Κέκραχθι. Τοῦτο δ' οὐδέποτε σὺ ψωμιεῖς,
ἢν μή μ' ἀφῇτ'· ἀλλ' ἐνθάδ' ἐπὶ τῶν μηρίων
πληγὲν μαχαίρᾳ τῇδε φοινίας φλέβας
καθαιματώσει βωμόν.
ΓΥ. Α'   Ὦ τάλαιν' ἐγώ. 695
Γυναῖκες, οὐκ ἀρήξετ'; Οὐ πολλὴν βοὴν
στήσεσθε ⟨προσ⟩τρόπαιον, ἀλλὰ τοῦ μόνου
τέκνου με περιόψεσθ' ἀποστερουμένην;
ΧΟ.
          Ἔα ἔα.
Ὦ πότνιαι Μοῖραι, τί τόδε δέρκομαι 700
          νεοχμὸν αὖ τέρας;
Ὡς ἅπαντ' ἄρ' ἐστὶ τόλμης ἔργα κἀναισχυντίας.
Οἷον αὖ δέδρακεν ἔργον, οἷον αὖ, φίλαι, τόδε.

ΚΗ. Οἷον ὑμῶν ἐξαράξω τὴν ἄγαν αὐθαδίαν.

ΧΟ. Ταῦτα δῆτ' οὐ δεινὰ πράγματ' ἐστὶ καὶ περαιτέρω; 705

ΓΥ. Α' Δεινὰ δῆθ', ὅτιή γ' ἔχει μου 'ξαρπάσας τὸ παιδίον.

ΧΟ.   Τί ἂν οὖν εἴποι πρὸς ταῦτά τις, ὅτε
        τοιαῦτα ποιῶν ὅδ' ἀναισχυντεῖ;

ΚΗ. Κοὔπω μέντοι γε πέπαυμαι.

ΧΟ. Ἀλλ' οὖν ἥκων γ' ὅθεν ἥκεις 710
φαύλως τ' ἀποδρὰς οὐ λέξεις
οἷον δράσας διέδυς ἔργον,
λήψει δὲ κακόν.

ΚΗ. Τοῦτο μέντοι μὴ γένοιτο μηδαμῶς, ἀπεύχομαι.

ΧΟ. Τίς ἄν σοι, τίς ἂν σύμμαχος ἐκ θεῶν 715
ἀθανάτων ἔλθοι ξὺν ἀδίκοις ἔργοις;

ΚΗ. Μάτην λαλεῖτε· τήνδ' ἐγὼ οὐκ ἀφήσω.

ΧΟ. Ἀλλ' οὐ μὰ τὼ θεὼ τάχ' οὐ
χαίρων ἴσως ἐνυβριεῖς
λόγους τε λέξεις ἀνοσίους 720
ἀθέοις ⟨ἐπ'⟩ ἔργοις.
⟨καὶ⟩ γὰρ ἀνταμειψόμεσθά σ'
ὥσπερ εἰκός ἀντὶ τῶνδε.
Τάχα δὲ μεταβαλοῦσ' ἐπὶ κακὸν ἑτερότρο-
πος ἐπέχει τύχη. 725

Ἀλλὰ τάσδε μὲν λαβεῖν χρῆν ἐκφέρειν τε τῶν ξύλων,
καὶ καταίθειν τὸν πανοῦργον πυρπολεῖν θ' ὅσον τάχος.

ΓΥ. Α' Ἴωμεν ἐπὶ τὰς κληματίδας, ὦ Μανία.
Κἀγώ σ' ἀποδείξω θυμάλωπα τήμερον.

ΚΗ. Ὕφαπτε καὶ κάταιθε· σὺ δὲ τὸ Κρητικὸν 730
ἀπόδυθι ταχέως. Τοῦ θανάτου δ', ὦ παιδίον,
μόνην γυναικῶν αἰτιῶ τὴν μητέρα.
Τουτὶ τί ἐστιν; Ἀσκὸς ἐγένεθ' ἡ κόρη
οἴνου πλέως καὶ ταῦτα Περσικὰς ἔχων.
Ὦ θερμόταται γυναῖκες, ὦ ποτίσταται 735
κἀκ παντὸς ὑμεῖς μηχανώμεναι πιεῖν,
ὦ μέγα καπήλοις ἀγαθόν, ἡμῖν δ' αὖ κακόν,
κακὸν δὲ καὶ τοῖς σκευαρίοις καὶ τῇ κρόκῃ.

ΓΥ. Α' Παράβαλλε πολλὰς κληματίδας, ὦ Μανία.

ΚΗ. Παράβαλλε δῆτα. Σὺ δ' ἀπόκριναί μοι τοδί· 740
Τουτὶ τεκεῖν φής;
ΓΥ. Α' ⟨Καὶ⟩ δέκα μῆνας αὔτ' ἐγὼ

ἤνεγκον.
ΚΗ. Ἤνεγκας σύ;
ΓΥ. Α΄ Νὴ τὴν Ἄρτεμιν.

ΚΗ. Τρικότυλον ἢ πῶς; Εἰπέ μοι.
ΓΥ. Α΄ Τί μ' ἠργάσω;
Ἀπέδυσας, ὠναίσχυντέ, μου τὸ παιδίον
τυννοῦτον ὄν.
ΚΗ. Τυννοῦτο; Μικρὸν νὴ Δία. 745
Πόσ' ἔτη δὲ γέγονε; Τρεῖς χοᾶς ἢ τέτταρας;

ΓΥ. Α΄ Σχεδὸν τοσοῦτον χῶσον ἐκ Διονυσίων.
Ἀλλ' ἀπόδος αὐτό.
ΚΗ. Μὰ τὸν Ἀπόλλω τουτονί.

ΓΥ. Α΄ Ἐμπρήσομεν τοίνυν σε.
ΚΗ. Πάνυ γ'· ἐμπίμπρατε.
Αὕτη δ' ἀποσφαγήσεται μάλ' αὐτίκα. 750

ΓΥ. Α΄ Μὴ δῆθ', ἱκετεύω σ'· ἀλλ' ἔμ' ὅ τι χρήζεις πόιει
ὑπέρ γε τούτου.
ΚΗ. Φιλότεκνός τις εἶ φύσει.
Ἀλλ' οὐδὲν ἧττον ἥδ' ἀποσφαγήσεται.

ΓΥ. Α΄ Οἴμοι, τέκνον. Δὸς τὸ σφαγεῖον, Μανία,
ἵν' οὖν τό γ' αἷμα τοῦ τέκνου τοὐμοῦ λάβω. 755

ΚΗ. Ὕπεχ' αὐτό· χαριοῦμαι γὰρ ἕν γε τοῦτό σοι.

ΓΥ. Α΄ Κακῶς ἀπόλοι'. Ὡς φθονερὸς εἶ καὶ δυσμενής.

ΚΗ. Τουτὶ τὸ δέρμα τῆς ἱερείας γίγνεται.

ΓΥΝΗ Γ΄
Τί τῆς ἱερείας γίγνεται;
ΚΗ. Τουτί. Λαβέ.

ΓΥ. Γ΄ Ταλαντάτη Μίκα, τίς ἐξεκόρησέ σε; 760
Τίς τὴν ἀγαπητὴν παῖδά σου 'ξηράσατο;

ΓΥ. Α΄ Ὁ πανοῦργος οὗτος. Ἀλλ' ἐπειδήπερ πάρει,
φύλαξον αὐτόν, ἵνα λαβοῦσα Κλεισθένη
τοῖσιν πρυτάνεσιν ἃ πεποίηχ' οὗτος φράσω.

ΚΗ. Ἄγε δή, τίς ἔσται μηχανὴ σωτηρίας; 765

ΑΡΙΣΤΟΦΑΝΟΥ

Τίς πεῖρα, τίς ἐπίνοι'; Ὁ μὲν γὰρ αἴτιος
κἄμ' εἰσκυλίσας εἰς τοιαυτὶ πράγματα
οὐ φαίνεταί πω. Φέρε, τίν' οὖν ⟨ἂν⟩ ἄγγελον
πέμψαιμ' ἐπ' αὐτόν; Οἶδ' ἐγὼ καὶ δὴ πόρον
ἐκ τοῦ Παλαμήδους. Ὡς ἐκεῖνος, τὰς πλάτας   770
ῥίψω γράφων. Ἀλλ' οὐ πάρεισιν αἱ πλάται.
Πόθεν οὖν γένοιντ' ἄν μοι πλάται; Πόθεν; ⟨Πόθεν;⟩
Τί δ' ἄν, εἰ ταδὶ τἀγάλματ' ἀντὶ τῶν πλατῶν
γράφων διαρρίπτοιμι; Βέλτιον πολύ.
Ξύλον γέ τοι καὶ ταῦτα, κἀκεῖν' ἦν ξύλον.   775

῏Ω χεῖρες ἐμαί,
⟨νῦν⟩ ἐγχειρεῖν ἔργῳ πορίμῳ.
῎Αγε δή, πινάκων ξεστῶν δέλτοι,
δέξασθε σμίλης ὁλκούς,
κήρυκας ἐμῶν μόχθων. Οἴμοι,   780
τουτὶ τὸ ῥῶ μοχθηρόν.
Χωρεῖ, χωρεῖ. Ποίαν αὔλακα;
Βάσκετ', ἐπείγετε πάσας καθ' ὁδούς,
κείνᾳ, ταύτᾳ· ταχέως χρή.

ΧΟ. Ἡμεῖς τοίνυν ἡμᾶς αὐτὰς εὖ λέξωμεν παραβᾶσαι.   785
Καίτοι πᾶς τις τὸ γυναικεῖον φῦλον κακὰ πόλλ' ἀγορεύει,
ὡς πᾶν ἐσμὲν κακὸν ἀνθρώποις κἀξ ἡμῶν ἐστιν ἅπαντα,
ἔριδες, νείκη, στάσις ἀργαλέα, λύπη, πόλεμος. Φέρε δή νυν,
εἰ κακόν ἐσμεν, τί γαμεῖθ' ἡμᾶς, εἴπερ ἀληθῶς κακόν ἐσμεν,
κἀπαγορεύετε μήτ' ἐξελθεῖν μήτ' ἐκκύψασαν ἁλῶναι,   790
ἀλλ' οὑτωσὶ πολλῇ σπουδῇ τὸ κακὸν βούλεσθε φυλάττειν;
Κἂν ἐξέλθῃ τὸ γύναιόν ποι, κᾆθ' εὕρητ' αὐτὸ θύρασιν,
μανίας μαίνεσθ', οὓς χρῆν σπένδειν καὶ χαίρειν, εἴπερ ἀληθῶς
ἔνδοθεν ηὕρετε φροῦδον τὸ κακὸν καὶ μὴ κατελαμβάνετ' ἔνδον.
Κἂν καταδάρθωμεν ἐν ἀλλοτρίων παίζουσαι καὶ κοπιῶσαι, 795
πᾶς τις τὸ κακὸν τοῦτο ζητεῖ περὶ τὰς κλίνας περινοστῶν.
Κἂν ἐκ θυρίδος παρακύπτωμεν, τὸ κακὸν ζητεῖτε θεᾶσθαι·
κἂν αἰσχυνθεῖσ' ἀναχωρήσῃ, πολὺ μᾶλλον πᾶς ἐπιθυμεῖ
αὖθις τὸ κακὸν παρακύψαν ἰδεῖν. Οὕτως ἡμεῖς ἐπιδήλως
ὑμῶν ἐσμεν πολὺ βελτίους. Βάσανος δὲ πάρεστιν ἰδέσθαι.   800
Βάσανον δῶμεν πότεροι χείρους. Ἡμεῖς μὲν γάρ φαμεν ὑμᾶς,
ὑμεῖς δ' ἡμᾶς. Σκεψώμεθα δὴ κἀντιτιθῶμεν πρὸς ἕκαστον,
παραβάλλουσαι τῆς τε γυναικὸς καὶ τἀνδρὸς τοὔνομ' ἑκάστου.
Ναυσιμάχης μέν ⟨γ'⟩ ἥττων ἐστὶν Χαρμῖνος· δῆλα δὲ τἄργα.
Καὶ μὲν δὴ καὶ Κλεοφῶν χείρων πάντως δήπου Σαλαβακχοῦς
Πρὸς Ἀριστομάχην δὲ χρόνου πολλοῦ, πρὸς ἐκείνην τὴν Μαραθῶνι,
καὶ Στρατονίκην ὑμῶν οὐδεὶς οὐδ' ἐγχειρεῖ πολεμίζειν.   807
Ἀλλ' Εὐβούλης τῶν πέρυσίν τις βουλευτής ἐστιν ἀμείνων

ΘΕΣΜΟΦΟΡΙΑΖΟΥΣΑΙ

παραδοὺς ἑτέρῳ τὴν βουλείαν; Οὐδ' αὐτὸς τοῦτό γε φήσει.
Οὕτως ἡμεῖς πολὺ βελτίους τῶν ἀνδρῶν εὐχόμεθ' εἶναι.　　810
Οὐδ' ἂν κλέψασα γυνὴ ζεύγει κατὰ πεντήκοντα τάλαντα
εἰς πόλιν ἔλθοι τῶν δημοσίων· ἀλλ' ἢν τὰ μέγισθ' ὑφέληται,
φορμὸν πυρῶν τἀνδρὸς κλέψασ', αὐθημερὸν ἀνταπέδωκεν.
　　Ἀλλ' ἡμεῖς ἂν πολλοὺς τούτων
　　ἀποδείξαιμεν ταῦτα ποιοῦντας,　　815
　　καὶ πρὸς τούτοις γάστριδας ἡμῶν
　　ὄντας μᾶλλον καὶ λωποδύτας
　　καὶ βωμολόχους κἀνδραποδιστάς.
　　Καὶ μὲν δήπου καὶ τὰ πατρῷά γε
　　χείρους ἡμῶν εἰσιν σῴζειν.　　820
　　Ἡμῖν μὲν γὰρ σῶν ἔτι καὶ νῦν
　　τἀντίον, ὁ κανών, οἱ καλαθίσκοι,
　　τὸ σκιάδειον·
　　τοῖς δ' ἡμετέροις ἀνδράσι τούτοις
　　ἀπόλωλεν μὲν πολλοῖς ὁ κανὼν　　825
　　ἐκ τῶν οἴκων αὐτῇ λόγχῃ,
　　πολλοῖς δ' ἑτέροις ἀπὸ τῶν ὤμων
　　ἐν ταῖς στρατιαῖς
　　ἔρριπται τὸ σκιάδειον.

　　Πόλλ' ἂν αἱ γυναῖκες ἡμεῖς ἐν δίκῃ μεμψαίμεθ' ἂν　　830
τοῖσιν ἀνδράσιν δικαίως, ἓν δ' ὑπερφυέστατον.
Χρῆν γάρ, ἡμῶν εἰ τέκοι τις ἄνδρα χρηστὸν τῇ πόλει,
ταξίαρχον ἢ στρατηγόν, λαμβάνειν τιμήν τινα,
προεδρίαν τ' αὐτῇ δίδοσθαι Στηνίοισι καὶ Σκίροις
ἔν τε ταῖς ἄλλαις ἑορταῖς αἷσιν ἡμεῖς ἤγομεν·　　835
εἰ δὲ δειλὸν καὶ πονηρὸν ἄνδρα τις τέκοι γυνή,
ἢ τριήραρχον πονηρὸν ἢ κυβερνήτην κακόν,
ὑστέραν αὐτὴν καθῆσθαι σκάφιον ἀποκεκαρμένην
τῆς τὸν ἀνδρεῖον τεκούσης. Τῷ γὰρ εἰκός, ὦ πόλις,
τὴν Ὑπερβόλου καθῆσθαι μητέρ' ἠμφιεσμένην　　840
λευκὰ καὶ κόμας καθεῖσαν πλησίον τῆς Λαμάχου,
καὶ δανείζειν χρήμαθ', ᾗ χρῆν, εἰ δανείσειέν τινι
καὶ τόκον πράττοιτο, διδόναι μηδέν' ἀνθρώπων τόκον,
ἀλλ' ἀφαιρεῖσθαι βίᾳ τὰ χρήματ' εἰπόντας τοδί·
"Ἀξία γοῦν εἶ τόκου τεκοῦσα τοιοῦτον τόκον."　　845

ΚΗ. Ἰλλὸς γεγένημαι προσδοκῶν· ὁ δ' οὐδέπω.
　　Τί δῆτ' ἂν εἴη τοὐμποδών; Οὐκ ἔσθ' ὅπως
　　οὐ τὸν Παλαμήδη ψυχρὸν ὄντ' αἰσχύνεται.
　　Τῷ δῆτ' ἂν αὐτὸν προσαγαγοίμην δράματι;
　　Ἐγᾦδα· τὴν καινὴν Ἑλένην μιμήσομαι.　　850
　　Πάντως ὑπάρχει μοι γυναικεία στολή.

ΑΡΙΣΤΟΦΑΝΟΥ

ΓΥ. Γ΄ Τί αὖ σὺ κυρκανᾷς; Τί κοικύλλεις ἔχων;
Πικρὰν Ἑλένην ὄψει τάχ᾽, εἰ μὴ κοσμίως
ἕξεις, ἕως ἂν τῶν πρυτάνεών τις φανῇ.

ΚΗ.   *(ὡς Ἑλένη)*

Νείλου μὲν αἵδε καλλιπάρθενοι ῥοαί,   855
ὃς ἀντὶ δίας ψακάδος Αἰγύπτου πέδον
λευκῆς νοτίζει, μελανοσυρμαῖον λεών.

ΓΥ. Γ΄ Πανοῦργος εἶ νὴ τὴν Ἑκάτην τὴν φωσφόρον.

ΚΗ. Ἐμοὶ δὲ γῆ μὲν πατρὶς οὐκ ἀνώνυμος,
Σπάρτη, πατὴρ δὲ Τυνδάρεως.
ΓΥ. Γ΄   Σοί γ᾽, ὦλεθρε,   860
πατὴρ ἐκεῖνός ἐστι; Φρυνώνδας μὲν οὖν.

ΚΗ. Ἑλένη δ᾽ ἐκλήθην.
ΓΥ. Γ΄   Αὖθις αὖ γίγνει γυνή,
πρὶν τῆς ἑτέρας δοῦναι γυναικίσεως δίκην;

ΚΗ. Ψυχαὶ δὲ πολλαὶ δι᾽ ἔμ᾽ ἐπὶ Σκαμανδρίοις
ῥοαῖσιν ἔθανον.
ΓΥ. Γ΄   Ὤφελες δὲ καὶ σύ γε.   865

ΚΗ. Κἀγὼ μὲν ἐνθάδ᾽ εἴμ᾽· ὁ δ᾽ ἄθλιος πόσις
οὑμὸς Μενέλεως οὐδέπω προσέρχεται.
Τί οὖν ἔτι ζῶ;
ΓΥ. Γ΄   Τῶν κοράκων πονηρίᾳ.

ΚΗ. Ἀλλ᾽ ὥσπερ αἰκάλλει τι καρδίαν ἐμήν·
μὴ ψεῦσον, ὦ Ζεῦ, τῆς ἐπιούσης ἐλπίδος.   870

ΕΥ.   *(ὡς Μενέλαος.)*

Τίς τῶνδ᾽ ἐρυμνῶν δωμάτων ἔχει κράτος,
ὅστις ξένους δέξαιτο ποντίῳ σάλῳ
καμόντας ἐν χειμῶνι καὶ ναυαγίαις;

ΚΗ. Πρωτέως τάδ᾽ ἐστὶ μέλαθρα.

ΓΥ. Γ΄   Ποίου Πρωτέως,
ὦ τρισκακόδαιμον; Ψεύδεται νὴ τὼ θεώ,   875
ἐπεὶ τέθνηκε Πρωτέας ἔτη δέκα.

ΘΕΣΜΟΦΟΡΙΑΖΟΥΣΑΙ

ΕΥ. Ποίαν δὲ χώραν εἰσεκέλσαμεν σκάφει;

ΚΗ. Αἴγυπτον.
ΕΥ.   Ὦ δύστηνος, οἷ πεπλώκαμεν.

ΓΥ. Γ´ Πείθει τι τῷ ⟨τούτῳ⟩ κακῶς ἀπολουμένῳ
    ληροῦντι λῆρον; Θεσμοφορεῖον τουτογί.   880

ΕΥ. Αὐτὸς δὲ Πρωτεὺς ἔνδον ἔστ᾽ ἢ ᾽ξώπιος;

ΓΥ. Γ´ Οὐκ ἔσθ᾽ ὅπως οὐ ναυτιᾷς ἔτ᾽, ὦ ξένε,
    ὅστις ⟨γ᾽⟩ ἀκούσας ὅτι τέθνηκε Πρωτέας
    ἔπειτ᾽ ἐρωτᾷς· "Ἔνδον ἔστ᾽ ἢ ᾽ξώπιος;"

ΕΥ. Αἰαῖ, τέθνηκε. Ποῦ δ᾽ ἐτυμβεύθη τάφῳ;   885

ΚΗ. Τόδ᾽ ἐστὶν αὐτοῦ σῆμ᾽, ἐφ᾽ ᾧ καθήμεθα.

ΓΥ. Γ´ Κακῶς ἄρ᾽ ἐξόλοιο — κἀξολεῖ γέ τοι —
    ὅστις γε τολμᾷς σῆμα τὸν βωμὸν καλεῖν.

ΕΥ. Τί δαὶ σὺ θάσσεις τάσδε τυμβήρεις ἕδρας
    φάρει καλυπτός, ὦ ξένη;
ΚΗ.   Βιάζομαι   890
    γάμοισι Πρωτέως παιδὶ συμμεῖξαι λέχος.

ΓΥ. Γ´ Τί, ὦ κακόδαιμον, ἐξαπατᾷς αὖ τὸν ξένον;
    Οὗτος πανουργῶν δεῦρ᾽ ἀνῆλθεν, ὦ ξένε,
    ὡς τὰς γυναῖκας ἐπὶ κλοπῇ τοῦ χρυσίου.

ΚΗ. Βάϋζε τοὐμὸν σῶμα βάλλουσα ψόγῳ.   895

ΕΥ. Ξένη, τίς ἡ γραῦς ἡ κακορροθοῦσά σε;

ΚΗ. Αὕτη Θεονόη Πρωτέως.
ΓΥ. Γ´   Μὰ τὼ θεώ,
    εἰ μὴ Κρίτυλλά γ᾽ Ἀντιθέου Γαργηττόθεν.
    Σὺ δ᾽ εἶ πανοῦργος.
ΚΗ.   Ὁπόσα τοι βούλει λέγε.
    Οὐ γὰρ γαμοῦμαι σῷ κασιγνήτῳ ποτὲ   900
    προδοῦσα Μενέλεων τὸν ἐμὸν ἐν Τροίᾳ πόσιν.

ΕΥ. Γύναι, τί εἶπας; Στρέψον ἀνταυγεῖς κόρας.

ΑΡΙΣΤΟΦΑΝΟΥ

ΚΗ. Αἰσχύνομαί σε τὰς γνάθους ὑβρισμένη.

ΕΥ. Τουτὶ τί ἐστιν; Ἀφασία τίς τοί μ' ἔχει.
Ὦ θεοί, τίν' ὄψιν εἰσορῶ; Τίς εἶ, γύναι;   905

ΚΗ. Σὺ δ' εἶ τίς; Αὐτὸς γὰρ σὲ κἄμ' ἔχει λόγος.

ΕΥ. Ἑλληνὶς εἶ τις ἢ 'πιχωρία γυνή;

ΚΗ. Ἑλληνίς. Ἀλλὰ καὶ τὸ σὸν θέλω μαθεῖν.

ΕΥ. Ἑλένῃ σ' ὁμοίαν δὴ μάλιστ' εἶδον, γύναι.

ΚΗ. Ἐγὼ δὲ Μενελέῳ σ', ὅσα γ' ἐκ τῶν τιφύων.   910

ΕΥ. Ἔγνως ἄρ' ὀρθῶς ἄνδρα δυστυχέστατον.

ΚΗ. Ὦ χρόνιος ἐλθὼν σῆς δάμαρτος ἐς χέρας,
λαβέ με, λαβέ με, πόσι, περίβαλε δὲ χέρας.
Φέρε, σὲ κύσω. Ἄπαγέ μ' ἄπαγ' ἄπαγ' ἄπαγέ με   915
λαβὼν ταχὺ πάνυ.
ΓΥ. Γ'   Κλαύσετ' ἄρα νὴ τὼ θεὼ
ὅστις σ' ἀπάξει, τυπτόμενος τῇ λαμπάδι.

ΕΥ. Σὺ τὴν ἐμὴν γυναῖκα κωλύεις ἐμέ,
τὴν Τυνδάρειον παῖδ', ἐπὶ Σπάρτην ἄγειν;

ΓΥ. Γ' Οἴμ' ὡς πανοῦργος καὐτὸς εἶναί μοι δοκεῖς   920
καὶ τοῦδέ τις ξύμβουλος. Οὐκ ἐτὸς πάλαι
ἠγυπτιάζετ'. Ἀλλ' ὅδε μὲν δώσει δίκην·
προσέρχεται γὰρ ὁ πρύτανις χὠ τοξότης.

ΕΥ. Τουτὶ πονηρόν. Ἀλλ' ὑπαποκινητέον.

ΚΗ. Ἐγὼ δ' ὁ κακοδαίμων τί δρῶ;
ΕΥ.   Μέν' ἥσυχος.   925
Οὐ γὰρ προδώσω σ' οὐδέποτ', ἤνπερ ἐμπνέω,
ἢν μὴ προλίπωσ' αἱ μυρίαι με μηχαναί.

ΚΗ. Αὕτη μὲν ἡ μήρινθος οὐδὲν ἔσπασεν.

ΠΡΥΤΑΝΙΣ
Ὅδ' ἔσθ' ὁ πανοῦργος ὃν ἔλεγ' ἡμῖν Κλεισθένης;
Οὗτος, τί κύπτεις; Δῆσον αὐτὸν εἰσάγων,   930
ὦ τοξότ', ἐν τῇ σανίδι, κἄπειτ' ἐνθαδὶ

ΘΕΣΜΟΦΟΡΙΑΖΟΥΣΑΙ

στήσας φύλαττε καὶ προσιέναι μηδένα
ἔα πρὸς αὐτόν, ἀλλὰ τὴν μάστιγ' ἔχων
παῖ', ἢν προσίῃ τις.

ΓΥ. Γ΄   Νὴ Δί' ὡς νυνδή γ' ἀνὴρ
ὀλίγου μ' ἀφείλετ' αὐτὸν ἱστιορράφος.   935

ΚΗ. Ὦ πρύτανι, πρὸς τῆς δεξιᾶς, ἥνπερ φιλεῖς
κοίλην προτείνειν ἀργύριον ἤν τις διδῷ,
χάρισαι βραχύ τί μοι καίπερ ἀποθανουμένῳ.

ΠΡ. Τί σοι χαρίσωμαι;
ΚΗ.   Γυμνὸν ἀποδύσαντά με
κέλευε πρὸς τῇ σανίδι δεῖν τὸν τοξότην,   940
ἵνα μὴ 'ν κροκωτοῖς καὶ μίτραις γέρων ἀνὴρ
γέλωτα παρέχω τοῖς κόραξιν ἑστιῶν.

ΠΡ. Ἔχοντα ταῦτ' ἔδοξε τῇ βουλῇ σε δεῖν,
ἵνα τοῖς παριοῦσι δῆλος ᾖς πανοῦργος ὤν.
ΚΗ. Ἰατταταιάξ. Ὦ κροκώθ', οἷ' εἴργασαι.   945
Κοὐκ ἔστ' ἔτ' ἐλπὶς οὐδεμία σωτηρίας.

ΧΟ.
Ἄγε νυν ἡμεῖς παίσωμεν ἅπερ νόμος ἐνθάδε ταῖσι γυναιξίν,
ὅταν ὄργια σεμνὰ θεοῖν ἱεραῖς ὥραις ἀνέχωμεν, ἅπερ καὶ
      Παύσων σέβεται καὶ νηστεύει,
      πολλάκις αὐτοῖν ἐκ τῶν ὡρῶν   950
      εἰς τὰς ὥρας ξυνεπευχόμενος
      τοιαῦτα μέλειν θάμ' ἑαυτῷ.

      Ὅρμα, χώρει
      κοῦφα ποσίν, ἄγ', εἰς κύκλον,
χερὶ σύναπτε χέρ', (ἱερᾶς) ῥυθμὸν χορείας   955
ὕπαγε πᾶσα. Βαῖνε καρπαλίμοιν ποδοῖν.
      Ἐπισκοπεῖν δὲ πανταχῇ
κυκλοῦσαν ὄμμα χρὴ χοροῦ κατάστασιν.

Ἅμα δὲ καὶ   *Στρ. α΄*
γένος Ὀλυμπίων θεῶν   960
μέλπε καὶ γέραιρε φωνῇ
πᾶσα χορομανεῖ τρόπῳ.
Εἰ δέ τις   *Ἀντ. α΄*
προσδοκᾷ κακῶς ἐρεῖν
ἐν ἱερῷ γυναῖκά μ' οὖσαν
ἄνδρας, οὐκ ὀρθῶς φρονεῖ.   965
Ἀλλὰ χρῆ μ',   *Ἐπ. α΄*

ὡς ἐπ' ἔργον αὖ τι καινόν,
πρῶτον εὐκύκλου χορείας
εὐφυῆ στῆσαι βάσιν.

Πρόβαινε ποσὶ τὸν Εὐλύραν   *Στρ. β'*
μέλπουσα καὶ τὴν τοξοφόρον   970
Ἄρτεμιν, ἄνασσαν ἁγνήν.
Χαῖρ', ὦ Ἑκάεργε,
ὄπαζε δὲ νίκην.
Ἥραν τε τὴν τελείαν
μέλψωμεν ὥσπερ εἰκός,
ἣ πᾶσι τοῖς χοροῖσι συμπαίζει τε καὶ   975
κλῇδας γάμου φυλάττει.

Ἑρμῆν τε νόμιον ἄντομαι   *Αντ. β'*
καὶ Πᾶνα καὶ Νύμφας φίλας
ἐπιγελάσαι προθύμως
ταῖς ἡμετέραισι   980
χαρέντα χορείαις.
Ἔξαρχε δὴ προθύμως
διπλῆν, χάριν χορείας.
Παίσωμεν, ὦ γυναῖκες, οἷάπερ νόμος·
νηστεύομεν δὲ πάντως.

Ἀλλ' εἶα, πάλλ', ἀνάστρεφ' εὐρύθμῳ ποδί· *Επ. Β'*   985
τόρνευε πᾶσαν ᾠδήν.
Ἡγοῦ δέ γ' ὧδ' αὐτός,
κισσοφόρε Βακχεῖε
δέσποτ'· ἐγὼ δὲ κώμοις
σὲ φιλοχόροισι μέλψω.   990
Σὺ Διός, ὦ Διόνυσε
Βρόμιε, καὶ Σεμέλας παῖ,
χωρεῖς τερπόμενος
κατ' ὄρεα Νυμφᾶν ἐρατοῖσιν ὕμνοις,
εὔιον εὔιον, εὐοῖ,
⟨χορείαν⟩ χορεύων.
Ἀμφὶ δὲ συγκτυπεῖται   995
Κιθαιρώνιος ἠχώ,
μελάμφυλλά τ' ὄρη
δάσκια καὶ νάπαι
πετρώδεις βρέμονται·
κύκλῳ δὲ περί σε κισσὸς
εὐπέταλος ἕλικι θάλλει.   1000

ΘΕΣΜΟΦΟΡΙΑΖΟΥΣΑΙ

ΤΟΞΟΤΗΣ
Ἐνταῦτα νῦν οἴμωξι πρὸς τὴν αἰτρίαν.

ΚΗ. Ὦ τοξόθ᾽, ἱκετεύω σε —
ΤΟ. Μή μ᾽ ἱκετεῦσι σύ.

ΚΗ. χάλασον τὸν ἧλον.
ΤΟ. Ἀλλὰ ταῦτα δρᾶσ᾽ ἐγώ.

ΚΗ. Οἴμοι κακοδαίμων, μᾶλλον ἐπικρούεις σύ γε.

ΤΟ. Ἔτι μᾶλλο βοῦλι σ᾽;
ΚΗ. Ἀτταταῖ ἰατταταῖ· 1005
κακῶς ἀπόλοιο.
ΤΟ. Σῖγα, κακόδαιμον γέρον.
Πέρ᾽, ἐγὼ ᾽ξενέγκι πορμός, ἵνα πυλάξι σοι.

ΚΗ. Ταυτὶ τὰ βέλτιστ᾽ ἀπολέλαυκ᾽ Εὐριπίδου.
Ἔα· θεοί, Ζεῦ σῶτερ, εἰσὶν ἐλπίδες.
Ἀνὴρ ἔοικεν οὐ προδώσειν, ἀλλά μοι 1010
σημεῖον ὑπεδήλωσε Περσεὺς ἐκδραμών,
ὅτι δεῖ με γίγνεσθ᾽ Ἀνδρομέδαν. Πάντως δέ μοι
τὰ δέσμ᾽ ὑπάρχει. Δῆλον οὖν ⟨τοῦτ᾽⟩ ἔσθ᾽ ὅτι
ἥξει με σώσων. Οὐ γὰρ ἂν παρέπτετο.

(ὡς Ἀνδρομέδα.)

Φίλαι παρθένοι, φίλαι, 1015
πῶς ἂν ἀπέλθοιμι καὶ
τὸν Σκύθην λάθοιμι;
Κλύεις ὦ;
Προσαυδῶ σε τὰν ἐν ἄντροις;
Κατάνευσον, ἔασον ὡς 1020
τὴν γυναῖκά μ᾽ ἐλθεῖν.
Ἄνοικτος ὅς μ᾽ ἔδησε, τὸν
πολυπονώτατον βροτῶν.
Μόλις δὲ γραῖαν ἀποφυγὼν
σαπρὰν ἀπωλόμην ὅμως. 1025
Ὅδε γὰρ ὁ Σκύθης φύλαξ
πάλαι ἐφεστὼς ὀλοὸν ἄφιλον
ἐκρέμασέ ⟨με⟩ κόραξι δεῖπνον.
Ὁρᾷς, οὐ χοροῖσιν οὐδ᾽
ὑφ᾽ ἡλίκων νεανίδων 1030
κημὸν ἕστηκ᾽ ἔχουσ᾽,
ἀλλ᾽ ἐν πυκνοῖς δεσμοῖσιν ἐμπεπλεγμένη

κήτει βορὰ Γλαυκέτῃ πρόκειμαι.
Γαμηλίῳ μὲν οὐ ξὺν
παιῶνι, δεσμίῳ δὲ   1035
γοᾶσθέ μ᾽, ὦ γυναῖκες, ὡς
μέλεα μὲν πέπονθα μέλεος
—ὦ τάλας ἐγώ, τάλας—
ἀπὸ δὲ συγγόνων ἄλλ᾽ ἄνομα πάθεα,
φῶτα λιτομένα,
πολυδάκρυν Ἀΐδα γόον φλέγουσα   1040
—αἰαῖ αἰαῖ—
ὃς ἔμ᾽ ἀπεξύρησε πρῶτον,
ὃς ἐμὲ κροκόεντ᾽ ἀμφέδυσεν·
ἐπὶ δὲ τοῖσδε τόδ᾽ ἀνέπεμψεν   1045
ἱερόν, ἔνθα γυναῖκες.
Ἰώ μοι μοίρας ἃν ἔτικτε δαίμων.
Ὦ κατάρατος ἐγώ·
τίς ἐμὸν οὐκ ἐπόψεται
πάθος ἀμέγαρτον ἐπὶ κακῶν παρουσίᾳ;
Εἴθε με πυρφόρος αἰθέρος ἀστὴρ ...   1050
τὸν βάρβαρον ἐξολέσειεν.
Οὐ γὰρ ἔτ᾽ ἀθανάταν φλόγα λεύσσειν
ἐστὶν ἐμοὶ φίλον, ὡς ἐκρεμάσθην,
λαιμότμητ᾽ ἄχη δαιμονῶν, αἰόλαν
νέκυσιν ἐπὶ πορείαν.   1055

ΕΥ.   (ὡς Ἠχώ.)

Χαῖρ᾽, ὦ φίλη παῖ· τὸν δὲ πατέρα Κηφέα
ὅς σ᾽ ἐξέθηκεν ἀπολέσειαν οἱ θεοί.

ΚΗ.   Σὺ δ᾽ εἶ τίς ἥτις τοὐμὸν ᾤκτιρας πάθος;

ΕΥ.   Ἠχώ, λόγων ἀντῳδὸς ἐπικοκκάστρια,
ἥπερ πέρυσιν ἐν τῷδε ταὐτῷ χωρίῳ   1060
Εὐριπίδῃ καὐτὴ ξυνηγωνιζόμην.
Ἀλλ᾽, ὦ τέκνον, σὲ μὲν τὸ σαυτῆς χρὴ ποιεῖν,
κλάειν ἐλεινῶς.
ΚΗ.   Σὲ δ᾽ ἐπικλάειν ὕστερον.

ΕΥ.   Ἐμοὶ μελήσει ταῦτά γ᾽. Ἀλλ᾽ ἄρχου λόγων.

ΚΗ.   Ὦ Νὺξ ἱερά,   1065
ὡς μακρὸν ἵππευμα διώκεις
ἀστεροειδέα νῶτα διφρεύουσ᾽
αἰθέρος ἱερᾶς

ΘΕΣΜΟΦΟΡΙΑΖΟΥΣΑΙ

τοῦ σεμνοτάτου δι' Ὀλύμπου.

ΕΥ. Δι' Ὀλύμπου.

ΚΗ. Τί ποτ' Ἀνδρομέδα περίαλλα κακῶν   1070
μέρος ἐξέλαχον;
ΕΥ.   Μέρος ἐξέλαχον;

ΚΗ. Θανάτου τλήμων—
ΕΥ.   Θανάτου τλήμων.

ΚΗ. Ἀπολεῖς μ', ὦ γραῦ, στωμυλλομένη.

ΕΥ. Στωμυλλομένη.

ΚΗ. Νὴ Δί' ὀχληρά γ' εἰσήρρηκας   1075
λίαν.
ΕΥ.   Λίαν.

ΚΗ. Ὠγάθ', ἔασόν με μονῳδῆσαι,
καὶ χαριεῖ μοι. Παῦσαι.
ΕΥ.   Παῦσαι.

ΚΗ. Βάλλ' ἐς κόρακας.
ΕΥ.   Βάλλ' ἐς κόρακας.

ΚΗ. Τί κακόν;
ΕΥ.   Τί κακόν;

ΚΗ. Ληρεῖς.
ΕΥ.   .   Ληρεῖς.

ΚΗ. Οἴμωζ'.
ΕΥ.   Οἴμωζ'.
ΚΗ.   Ὀτότυζ'.
ΕΥ.   Ὀτότυζ'.

ΤΟ. Οὗτος, τί λαλεῖς;
ΕΥ.   Οὗτος, τί λαλεῖς;

ΤΟ. Πρυτάνεις καλέσω.
ΕΥ.   Πρυτάνεις καλέσω.

ΤΟ. Σί κακόν;
ΕΥ.   Σί κακόν;   1085

ΤΟ. Πῶτε τὸ πωνή;

ΕΥ.   Πῶτε τὸ πωνή;

ΤΟ. Σὶ λαλεῖς;

ΕΥ.   Σὶ λαλεῖς;

ΤΟ.   Κλαῦσ᾽ ἄρα.

ΕΥ.   Κλαῦσ᾽ ἄρα.

ΤΟ. Κἀγκάσκι ⟨σί⟩ μοι;

ΕΥ.   Κἀγκάσκι ⟨σί⟩ μοι;

ΚΗ. Μὰ Δί᾽, ἀλλὰ γυνὴ πλησίον αὕτη.   1090

ΕΥ. Πλησίον αὕτη.

ΤΟ. Ποῦ ᾽στ᾽ ἡ μιαρά;

ΚΗ.   Καὶ δὴ φεύγει.

ΤΟ. Ποῖ ποῖ πεύγεις;

⟨ΕΥ.   Ποῖ ποῖ πεύγεις;⟩

ΤΟ. Οὐ καιρήσεις.

⟨ΕΥ.   Οὐκ αἱρήσεις.⟩

ΤΟ. Ἔτι γὰρ γρύζεις;

ΕΥ.   Ἔτι γὰρ γρύζεις;   1095

ΤΟ. Λαβὲ τὴ μιαρά.

ΕΥ.   Λαβὲ τὴ μιαρά.

ΤΟ. Λάλο καὶ κατάρατο γύναικο.

ΕΥ.   (ὡς Περσεύς.)

Ὦ θεοί, τίν᾽ ἐς γῆν βαρβάρων ἀφίγμεθα
ταχεῖ πεδίλῳ; Διὰ μέσου γὰρ αἰθέρος
τέμνων κέλευθον πόδα τίθημ᾽ ὑπόπτερον   1100
Περσεὺς πρὸς Ἄργος ναυστολῶν τὸ Γοργόνος
κάρα κομίζων.

ΤΟ.   Τί λέγι; Γόργονος πέρι
τὸ γραμματέο σὺ τὴ κεπαλή;

ΕΥ.   Τὴν Γοργόνος
ἔγωγέ φημι.

ΤΟ.   Γόργο τοι κἀγὼ λέγι.

ΘΕΣΜΟΦΟΡΙΑΖΟΥΣΑΙ

EY. Ἔα, τίν᾿ ὄχθον τόνδ᾿ ὁρῶ καὶ παρθένον   1105
θεαῖς ὁμοίαν ναῦν ὅπως ὡρμισμένην;

KH. Ὦ ξένε, κατοίκτιρόν με, τὴν παναθλίαν·
λῦσόν με δεσμῶν.
ΤΟ.   Οὐκὶ μὴ λαλῇσι σύ.
Κατάρατο, τολμᾷς ἀποτανουμένη λαλεῖς;

EY. Ὦ παρθέν᾿, οἰκτίρω σε κρεμαμένην ὁρῶν.   1110

ΤΟ. Οὐ παρτέν᾿ ἐστίν, ἀλλ᾿ ἁμαρτωλὴ γέρων
καὶ κλέπτο καὶ πανοῦργο.
EY.   Ληρεῖς, ὦ Σκύθα.
Αὕτη γάρ ἐστιν Ἀνδρομέδα, παῖς Κηφέως.

ΤΟ. Σκέψαι τὸ κύστο· μή τι μικκὸν παίνεται;

EY. Φέρε δεῦρό μοι τὴν χεῖρ᾿, ἵν᾿ ἅψωμαι, κόρης.   1115
Φέρε, Σκύθ᾿· ἀνθρώποισι γὰρ νοσήματα
ἅπασίν ἐστιν· ἐμὲ δὲ καὐτὸν τῆς κόρης
ταύτης ἔρως εἴληφεν.
ΤΟ.   Οὐ ζηλῶσί σε.
Ἀτὰρ εἰ τὸ πρωκτὸ δεῦρο περιεστραμμένον,
οὐκ ἐπτόνησ᾿ ἄν σ᾿ αὐτὸ πυγίζεις ἄγων.   1120

EY. Τί δ᾿ οὐκ ἐᾷς λύσαντά μ᾿ αὐτήν, ὦ Σκύθα,
πεσεῖν ἐς εὐνὴν καὶ γαμήλιον λέχος;

ΤΟ. Εἰ σπόδρ᾿ ἐπιτυμεῖς τὴ γέροντο πυγίσο,
τὴ σανίδο τρήσας ἐξόπιστο πρώκτισον.
EY. Μὰ Δί᾿, ἀλλὰ λύσω δεσμά.
ΤΟ.   Μαστιγῶσ᾿ ἄρα.   1125

EY. Καὶ μὴν ποιήσω τοῦτο.
ΤΟ.   Τὸ κεπαλή σ᾿ ἄρα
τὸ ξιπομάκαιραν ἀποκεκόψι τουτοί.

EY. Αἰαῖ· τί δράσω; Πρὸς τίνας στρεφθῶ λόγους;
Ἀλλ᾿ οὐκ ἂν ἐνδέξαιτο βάρβαρος φύσις.
Σκαιοῖσι γάρ τοι καινὰ προσφέρων σοφὰ   1130
μάτην ἀναλίσκοις ἄν. Ἀλλ᾿ ἄλλην τινὰ
τούτῳ πρέπουσαν μηχανὴν προσοιστέον.

ΤΟ. Μιαρὸς ἀλώπηξ, οἷον ἐπιτήκιζέ μοι.

ΑΡΙΣΤΟΦΑΝΟΥ

ΚΗ. Μέμνησο, Περσεῦ, μ' ὡς καταλείπεις ἀθλίαν.

ΤΟ. Ἔτι γὰρ σὺ τῇ μάστιγαν ἐπιτυμεῖς λαβεῖν;   1135

ΧΟ. Παλλάδα τὴν φιλόχορον ἐμοὶ
δεῦρο καλεῖν νόμος εἰς χορόν,
παρθένον ἄζυγα κούρην
ἣ πόλιν ἡμετέραν ἔχει   1140
καὶ κράτος φανερὸν μόνη
κληδοῦχός τε καλεῖται.

Φάνηθ', ὦ τυράννους
στυγοῦσ', ὥσπερ εἰκός.
Δῆμός τοί σε καλεῖ γυναι-   1145
κῶν· ἔχουσα δέ μοι μόλοις
εἰρήνην φιλέορτον.

Ἥκετ' εὔφρονες, ἵλαοι,
πότνιαι, ἄλσος ἐς ὑμέτερον,
ἀνδράσιν οὐ θεμίτ' εἰσορᾶν   1150
ὄργια σεμνὰ θεοῖν ἵνα λαμπάσι
φαίνετον, ἄμβροτον ὄψιν.

Μόλετον, ἔλθετον, ἀντόμεθ', ὦ   1155
Θεσμοφόρω πολυποτνία.
Εἰ πρότερόν ποτ' ἐπηκόω
ἤλθετον, ⟨καὶ⟩ νῦν ἀφίκε-
σθον, ἱκετεύομεν, ἐνθάδ' ἡμῖν.

ΕΥ. Γυναῖκες, εἰ βούλεσθε τὸν λοιπὸν χρόνον   1160
σπονδὰς ποιήσασθαι πρὸς ἐμέ, νυνὶ πάρα,
ἐφ' ᾧτ' ἀκοῦσαι μηδὲν ὑπ' ἐμοῦ μηδαμὰ
κακὸν τὸ λοιπόν. Ταῦτ' ἐπικηρυκεύομαι.

ΧΟ. Χρείᾳ δὲ ποίᾳ τόνδ' ἐπεισφέρεις λόγον;

ΕΥ. Ὅδ' ἐστὶν οὑν τῇ σανίδι κηδεστὴς ἐμός.   1165
Ἢν οὖν κομίσωμαι τοῦτον, οὐδὲν μή ποτε
κακῶς ἀκούσητ'· ἢν δὲ μὴ πείθησθέ μοι,
ἃ νῦν ὑποικουρεῖτε τοῖσιν ἀνδράσιν
ἀπὸ τῆς στρατιᾶς παροῦσιν ὑμῶν διαβαλῶ.

ΧΟ. Τὰ μὲν παρ' ἡμῖν ἴσθι σοι πεπεισμένα·   1170
τὸν βάρβαρον δὲ τοῦτον αὐτὸς πεῖθε σύ.

ΘΕΣΜΟΦΟΡΙΑΖΟΥΣΑΙ

ΕΥ. Ἐμὸν ἔργον ἐστίν· καὶ σόν, ὦλάφιον, ἅ σοι
καθ' ὁδὸν ἔφραζον ταῦτα μεμνῆσθαι ποιεῖν.
Πρῶτον μὲν οὖν δίελθε κἀνακάλπασον.
Σὺ δ', ὦ Τερηδών, ἐπαναφύσα Περσικόν.　　　　　1175

ΤΟ. Τί τὸ βόμβο τοῦτο; Κῶμό τις ἀνεγείρί μοι.

ΕΥ. 　　　　　(ὡς γραῦς.)

'Η παῖς ἔμελλε προμελετᾶν, ὦ τοξότα.
Ὀρχησομένη γὰρ ἔρχεθ' ὡς ἄνδρας τινάς.

ΤΟ. Ὄρκη σὶ καὶ μελέτη σί οὐ κωλῦσ' ἐγώ.
Ὡς ἐλαπρός, ὥσπερ ψύλλο κατὰ τὸ κῴδιο.　　　　　1180

ΕΥ. Φέρε θοἰμάτιον ἄνω 'πιθές, ὦ τέκνον, τοδί·
καθιζομένη δ' ἐπὶ τοῖσι γόνασι τοῦ Σκύθου
τὼ πόδε πρότεινον, ἵν' ὑπολύσω.
ΤΟ. 　　　　　　　　　　　Ναίκι, ναὶ
κάτησο, κάτησο, ναίκι, ναίκι, τυγάτριον.
Οἴμ' ὡς στέριπο τὸ τιττί', ὥσπερ γογγυλί.　　　　　1185

ΕΥ. Αὔλει σὺ θᾶττον· ἔτι δέδοικας τὸν Σκύθην;

ΤΟ. Καλό γε τὸ πυγή. Κλαῦσί γ' ἦν μὴ 'νδον μένῃς.
Εἶεν· καλὴ τὸ σκῆμα περὶ τὸ πόστιον.

ΕΥ. Καλῶς ἔχει. Λαβὲ θοἰμάτιον· ὥρα 'στὶ νῷν
ἤδη βαδίζειν.
ΤΟ. 　　　　　Οὐκὶ πιλῆσι πρῶτά με;　　　　　1190

ΕΥ. Πάνυ γε· Φίλησον αὐτόν.
ΤΟ. 　　　　　　　　Ὄ ⟨ὄ ὄ,⟩ παπαπαπαῖ,
ὡς γλυκερὸ τὸ γλῶσσ', ὥσπερ Ἀττικὸς μέλις.
Τί οὐ κατεύδει παρ' ἐμέ;
ΕΥ. 　　　　　　　Χαῖρε, τοξότα·
οὐ γὰρ γένοιτ' ἂν τοῦτο.
ΤΟ. 　　　　　　　Ναὶ ⟨ναί,⟩ γρᾴδιο,
ἐμοὶ κάρισο σὺ τοῦτο.
ΕΥ. 　　　　　　　Δώσεις οὖν δραχμήν;　　　　　1195

ΤΟ. Ναί, ναίκι, δῶσι.
ΕΥ. 　　　　Τἀργύριον τοίνυν φέρε.

ΑΡΙΣΤΟΦΑΝΟΥ

ΤΟ. Ἀλλ' οὐκ ἔκώδέν. Ἀλλὰ τὸ συβήνη λαβέ.
Ἔπειτα κομίσι σ' αὐτις. Ἀκολούτει, τέκνον.
Σὺ δὲ τοῦτο τήρει τῇ γέροντο, γρᾴδιο.
Ὄνομα δέ σοι τί ἐστιν;
ΕΥ.   Ἀρτεμισία.   1200

ΤΟ. Μεμνῇσι τοίνυν τοὔνομ'· Ἀρταμουξία.

ΕΥ. Ἑρμῆ δόλιε, ταυτὶ μὲν ἔτι καλῶς ποιεῖς.
Σὺ μὲν οὖν ἀπότρεχε, παιδάριον, ταυτὶ λαβών·
ἐγὼ δὲ λύσω τόνδε. Σὺ δ' ὅπως ἀνδρικῶς
ὅταν λυθῇς τάχιστα φεύξει καὶ τενεῖς   1205
ὡς τὴν γυναῖκα καὶ τὰ παιδί' οἴκαδε.

ΚΗ. Ἐμοὶ μελήσει ταῦτά γ', ἢν ἅπαξ λυθῶ.

ΕΥ. Λέλυσαι. Σὸν ἔργον, φεῦγε πρὶν τὸν τοξότην
ἥκοντα καταλαβεῖν.
ΚΗ.   Ἐγὼ δὴ τοῦτο δρῶ.

ΤΟ. Ὦ γρᾴδι', ὡς καρίεντό σοι τὸ τυγάτριον   1210
κοὐ δύσκολ', ἀλλὰ πρᾶο. Ποῦ τὸ γρᾴδιο;
Οἴμ' ὡς ἀπόλωλο. Ποῦ τὸ γέροντ' ἐντευτενί;
Ὦ γρᾴδι', ὦ γρᾶ'. Οὐκ ἐπαινῶ, γρᾴδιο.
Ἀρταμουξία.
Διέβαλέ μού γραῦς. Ἐπίτρεκ' ὡς τάκιστα σύ.
Ὀρτῶς δὲ συβήνη 'στι· καταβήνησι γάρ.   1215
Οἴμοι,
τί δρᾶσι; Ποῖ τὸ γρᾴδι'; Ἀρταμουξία.

ΧΟ. Τὴν γραῦν ἐρωτᾷς ἢ 'φερεν τὰς πηκτίδας;

ΤΟ. Ναί, ναίκι. Εἶδες αὐτό;
ΧΟ.   Ταύτῃ γ' οἴχεται
αὑτή τ' ἐκείνη καὶ γέρων τις εἵπετο.

ΤΟ. Κροκῶτ' ἔκοντο τῇ γέροντο;
ΧΟ.   Φήμ' ἐγώ·   1220
ἔτ' ἂν καταλάβοις, εἰ διώκοις ταυτηί.

ΤΟ. Ὦ μιαρὸ γρᾶο. Πότερο τρέξι τὴν ὁδό;
Ἀρταμουξία.

ΧΟ. Ὀρθὴν ἄνω δίωκε. Ποῖ θεῖς; Οὐ πάλιν
τῃδὶ διώξεις; Τοὔμπαλιν τρέχεις σύ γε.

ΘΕΣΜΟΦΟΡΙΑΖΟΥΣΑΙ

ΤΟ. Κακόδαιμον. — Ἀλλὰ τρέξι. Ἀρταμουξία.   1225

ΧΟ. Τρέχε νυν κατὰ τάχος ἐς κόρακας ἐπουρίσας.
Ἀλλὰ πέπαισται μετρίως ἡμῖν·
ὥσθ' ὥρα δή 'στι βαδίζειν
οἴκαδ' ἑκάστῃ. Τὼ Θεσμοφόρω δ'
ἡμῖν ἀγαθήν   1230
τούτων χάριν ἀνταποδοῖτον.

Commentary

Abbreviations:

S   H.W. Smyth, *Greek Grammar*, revised by G. Messing (Cambridge, Mass., 1956)

GP   J.D. Denniston, *The Greek Particles* [2] (Oxford, 1954)

Dover   K.J. Dover, *Aristophanic Comedy* (Berkeley and Los Angeles, 1972)

sc.   "supply"

<   "is from"

Σ   scholiast (anonymous ancient commentator on the text)

< >   material conjecturally inserted to complete sense and/or meter in the manuscripts.

The scene is a street in Athens in front of Agathon's house. Enter Euripides and In-law.

1.   χελιδών: The swallows' return is a sign of spring, here a metaphor for the end of hardship.

    ἆρα: marks a question.

2.   ἀπολεῖ: < ἀπόλλυμι.

    ἀλοᾶν: "driving about" as one drives an ox around a threshing area. Euripides is probably driving In-law on with a staff.

    ἄνθρωπος = ὁ ἄνθρωπος. Fusion of vowels from adjacent words is called crasis (S 62).

    ἐξ ἑωθινοῦ: "from daybreak."

3.   οἷόν τε: sc. ἐστί; "Is it possible?"

    τὸν σπλῆνα...ἐκβαλεῖν: "lose my spleen." In-law has the old (and false) notion that a stitch-in-the-side pain comes from a swollen spleen.

    κομιδῇ: "quite."

4.   πυθέσθαι: < πυνθάνομαι.

    ωὑριπίδη = ὦ Εὐριπίδη (crasis). ὦ -- normal Greek in polite address -- is not to be translated.

5.   ἀλλ' = ἀλλά.

    οὐκ...δεῖ: either "there is no need for one to..." or "one ought not to..." (S 2714b). Euripides means the former; In-law understands the latter.

    πάνθ' = πάντα. In elision before a rough breathing, π, κ, and τ become φ, χ, and θ respectively.

6.   ὄψει: < ὁράω.
     παρεστώς: perfect participle of παρίστημι.

7.   γ': usually either intensifies (no translation) or limits ("at
     any rate, in any case") the preceding word. Here γε limits.

9.   δεξιῶς μέντοι: "really brilliantly." δεξιός suggests
     facility and originality.

10. οὐ φῇς...χρῆναι μ': "Do you say I oughtn't..." οὐ φημι is
     "deny" or "say...not" rather than "not say" (S 2691).
     οὔτ'...οὔθ'...: "either...or...," since these words only
     reiterate the preceding οὐ without adding a further negative to
     the logic of the sentence (S 2761).
     χρῆναι: "ought," showing In-law misinterpreted δεῖ earlier.

11. χωρίς: "separate," adverb used adjectivally.
     αὐτοῖν: genitive dual.
     (ἐ)στίν: frontal elision (called prodelision or aphaeresis),
     frequent in comedy (S 76).

12. τοῦ...ὁρᾶν: sc. ἡ φύσις.
     ἴσθ(ι): < οἶδα.
     ὅτι: "that (it is so)." English prefers just "it."

13. So far Euripides has shown rhetorical virtuosity and dialectical
     skill; now he plays the cosmogonist.
     τότε: "formerly."

14. αἰθήρ: "the fiery upper atmosphere," a favorite word of
     Euripides, sometimes, as here, with reference to cosmogony.
     τὰ πρῶτα = πρῶτον/ πρῶτα, adverbial.
     διεχωρίζετο: "was becoming separated," i.e., from the
     earth; cf. the myth of separation of Heaven and Earth in
     Hesiod's *Theogony*.

15. ἐν αὐτῷ: "within himself," since aether is thought of as
     enveloping earth and the animals.
     ξυνετέκνου: < ξυντεκνόω (ξυν = συν); "was jointly
     engaged (with Earth) in begetting."

17. ἀντίμιμον...τροχῷ: "mimicking the sun's disk," dative
     with adjective (S 1499 and cf. 1466).

18. ἀκοῆς...διετετρήνατο: "(Aether) drilled through the ear (so as to be) hearing's funnel." ὦτα < οὖς, ὠτός; accusative of result (S 1579). διετετρήνατο < διατετραίνω.

19. μήτ'...μήθ': The use of μή shows that the verbs are subjunctives (deliberative). "Am I neither to hear nor to see?" (S 1805).

20. νὴ τὸν Δί(α): "yes, by Zeus"; the accusative is regular in oaths (S 1596b).
   τουτί: demonstratives with the deictic ι (S 333g) point emphatically.
   προσμαθών: "having learned in addition."

21. οἶον γέ που: "*What* a (fine) thing, to be sure."

22-23. πῶς ἂν...ἐξεύροιμ(ι): "How might I discover...?"; syntactically a question, but logically equivalent to a wish for the future (S 1832), i.e., "If only I might... "

23-24. ὅπως...σκέλει: "how I am also to learn not to be lame in both legs (τὼ σκέλει = dual accusative of respect; S 1600-1)." In-law, having supposedly learned two "don'ts" from Euripides, viz., "don't hear" and "don't see," would like to discover how he is to learn another, viz., "don't be lame in both legs," which he may take as instruction to rest.
   δευρί = δεῦρο + ι (deictic; see on 20).

25. ἰδού: adverb formed from middle imperative < εἶδον; here, as often, calls attention to immediate compliance with a command: "Done."

27. σιωπῶ τὸ θύριον;: "Am I to be quiet about the door?" In-law is befuddled. Euripides' σίγα νυν meant simply, "Now be silent." σιωπῶ = deliberative subjunctive, as again, with ἀκούω, in 28.

29. τυγχάνει: + participle = "happens to..."

30. ποῖος: "What sort of a person."
   'Αγάθων = ὁ 'Αγάθων.

31. μῶν = μή + οὖν, hesitantly introducing a suggestion in the form of a question, "Could you mean...?"

μέλας: "dark" or "sun-tanned." It was usual for men to be sun-tanned; for women of the upper classes it was not, and it was delicately feminine to be "pale."

32. ἑόρακας: < ὁράω.
33. δασυπώγων: "heavily-bearded." Defying convention, Agathon shaved. Until Alexander the Great changed the fashion, most men wore beards, and not to do so counted as a sign of effeminacy.

34. μὰ τὸν Δί(α): "No, by Zeus." See on 20.
      εἰδέναι: sc. "him."

35. καὶ μήν: adversative, "nonetheless."
      βεβίνηκας: "you have fucked him." The subject of the active forms of this verb (found mostly in comedy) is the active (male) sexual partner; of the passive forms, the receptive (male or female) partner. See Note on Sexual Orientation.

Enter Servant from the house.

36. ἐκποδών: "out of the way."
37. Fire and myrtle wreaths were used at sacrifices.
38. προθυσόμενος...ποιήσεως: "to make a sacrifice, it seems, on behalf of poetic composition." The future participle expresses purpose; the genitive (ποιήσεως) depends on προ-.

39-62. Anapestic system (see Metrical Note). The Servant's diction is poetic, his style is allusive, and he uses a turbid stream of imagery drawn from the technology of the day. The effect is ludicrousness, and parody is surely intended.

39. εὔφημος...λαός: "Let all the people be (ἔστω = third person singular imperative) auspicious in utterance," i.e., "silent," the surest way to avoid the inauspicious. λαός = λεώς, "people," especially in proclamations.

41. θίασος: "troop," usually of Dionysiac votaries. The Servant seems to suggest that Agathon has the Muses themselves as his chorus (cf. 101-29).

42. μελοποιῶν: participle modifying θίασος.

43. νήνεμος: predicative, "(so as to be) windless."

45. βομβάξ: "yuch!"

47. ὑλοδρόμων: "that run through the woods."

48. μὴ λυέσθων: "let (them) not be loosed," i.e., "run loose."
βομβαλοβομβάξ: "double yuch!"

49. καλλιεπής: "maker of noble verses." See on 53.

50. πρόμος ἡμέτερος: "the one who goes before us," "our leader in battle." In-law's comment suggests another interpretation.

52. δρυόχους: "stocks," the set of braces holding the keel in place while the hull was being constructed.
δράματος ἀρχάς: predicative, "as the beginning of a drama."

53. ἀψῖδας: "strakes" (literally: "things that curve"), the planks that were added lengthwise up from the keel to form the hull; but also with a reference to the turns in Agathon's music; see on 68.
ἐπῶν: "of verses," a common meaning of ἔπος.

54. τορνεύει: "he works on a lathe," with literal references to parts of a ship and figurative to literary polish.
κολλομελεῖ: "he carpenters songs together." κολλομελέω is compounded for the occasion from the carpentry verb κολλάω and μέλος ("song); but μέλος also means "limb" and μέλη (plural) = "body," whence a pun: "carpenters bodies together."

55. γνωμοτυπεῖ: "molds aphorisms."
ἀντονομάζει: "interchanges the names of things."

56-57. καὶ κηροχυτεῖ...χοανεύει: "and models in wax and rounds off (a clay mold outside the model) and funnels in (molten metal into the mold)." The reference is to the lost wax process; in it wax is used to define the space in the mold which, after the "loss" of the wax, serves to shape the molten metal.

57. λαικάζει: "sucks cocks." The lexica err.

58. ἀγροιώτας = ἀγρότης: "boor/hick."
    πελάθει: literally "approach," but often connoting sexual intent, a point which In-law takes up.
    θριγκοῖς: literally "coping," i.e., the uppermost course of blocks of stone in a wall; but in poetry = "wall" or "enclosure."

59-62. In-law, taking a sexual meaning from 58 and from some earlier remarks of the Servant, threatens a sexual assault.

60. κατὰ τοῦ θριγκοῦ: "down into the enclosure." He applies the Servant's poetic expression to the mouths of servant and master, threatening to use them as "funnels." See on 57, and cf. the epic figure for the teeth as enclosure, ἕρκος ὀδόντων.

61. συγγογγύλας καὶ συστρέψας: "having made it cylindrical and firm."

63. ἦ που...γε: marking an *a fortiori* conclusion (GP 281-2); "You must have been a rapist (ὑβριστής) when you were *young* (sc. given what you are even now)."

64. δαιμόνιε: addressed to In-law. The vocative of δαιμόνιος means literally "you under divine influence," but idiomatically amounts to "What's the matter with you?"
    ἔα χαίρειν: literally "let...be happy," = "say good-bye to...," "never mind..."

65. πάσῃ τέχνῃ: "at all costs," "no matter what it takes."

66. ἔξεισι: future in sense (S 774, 1880).
    τάχα: "soon."

68. κατακάμπτειν τὰς στροφάς: "to bend the twists," i.e., "do the twists," with figurative reference to the musical twists of Agathon's style, of which Aristophanes did not approve.

69. ἤν = ἐάν.
    προΐῃ: < πρόειμι.

70. δρῶ: deliberative subjunctive.

    Servant goes back to the house.

71. δρᾶσαι: "to do *x* (accusative) to *y* (accusative)."
    διανοεῖ: second person singular present middle.

74. οὐ χρῆν σε κρύπτειν: "You ought not to be concealing..." The imperfect χρῆν implies that he already is concealing.

75. προπεφυραμένον: < προφύρω; "cooked up for/prepared for."

79. βουλῆς...ἕδρα: "session of the Council . . ," a body of five hundred that acted as Agenda Committee and Executive Committee of the Assembly (of all adult male citizens).

80. ἡ μέση: "the second (day)," since the Thesmophoria lasted three days.

81. κἀπολεῖν = καὶ (intensive) ἀπολεῖν, "will actually destroy."

83. κἀν Θεσμοφόροιν: "and in (the shrine) of the two (dual) Thesmophorians," i.e., Demeter and Phersephatta (= Persephone); see S 1302.

84. ἐπ(ί): "with a view to."
    τιὴ τί δή: "Whatever for?" τιή is emphatic for τί.

85. ὁτιή: "*because.*" Cf. τιή.
    τραγῳδῶ: "I write tragedies (about them)."
    κακῶς αὐτὰς λέγω: "I speak of them abusively."

86. δικαιὰ γ' ἂν πάθοις: "you would get what you *deserve.*" For γε, see on 7.

87. ἐκ τούτων: "in view of these (circumstances)."

88. τραγῳδοδιδάσκαλον: "teacher of tragic performers," i.e., "tragic poet."

89. δράσοντ(α): future participle, expressing purpose as in 90 and 91.

90. ἐν: "among."

χᾶν: double crasis for καὶ ἃ ἄν.

92. στολὴν γυναικὸς ἠμφιεσμένον: "having put on a woman's dress." ἀμφιέννυμαι (middle) + accusative = "dress oneself in." For the augment of a prepositional prefix, see S 450.

93. κομψόν: "neat/snappy," a fashionable adjective which Euripides is perhaps the first to use in tragedy.

94. πυραμοῦς: "sweet cake," often given as a prize; hence, "ours is the prize for scheming."

Enter Agathon. The front of his house opens up and he is rolled out on a mechanical device (the ἐκκύκλημα, a wheeled platform used to bring interior scenes onto the stage). His dress suggests a youthful and sexually ambivalent Dionysus.

96. καὶ ποῦ 'σθ': "And where *is* he?" καί signals impatience. 'σθ' = ἐστί, with aphaeresis and elision.
ὅπου 'στίν: "(Are you asking) where he is?" The change from ποῦ to ὅπου signals indirect question.
οὗτος οὑκκυκλούμενος: "Here he is, the one being wheeled out (on the ἐκκύκλημα)."

97. ἀλλ' ἦ: signaling unbelief. Translate: "Can it be that?"
μέν: "that's the first question."

98. Κυρήνην: a celebrated courtesan known, according to Σ *Frogs* 1328, as "Twelve-ways" (Δωδεκαμηχανή).

100. μύρμηκος ἀτραπούς: "an ant's galleries," i.e., the twisting paths leading underground to an ant's home; the allusion is to Agathon's contorted musical style (see on 68).
διαμινυρίζεται: "is vocalizing."

101-29. Here, Agathon, himself got up so as to suggest Dionysus, sings both parts of a choral song which he has programmed to be sung in alternating parts by Dionysus and the Muses. In lyric passages, under the infuence of Doric choral poetry, the Attic dramatists regularly, in the singular of first declension nouns and adjectives and in other places, use long-α where in Attic prose and spoken verse proto-Greek long-α had become η. Here, e.g., βοάν = βοήν (103), γᾶ = γῆ (110), and the like. The meter here is lyric, mostly ionics (˘ ˘ - -) with much variation. The tragic style and Agathon's in particular are parodied.

101-3. ἱερὰν...λαμπάδα: "having accepted the nether two's (χθονίαιν: genitive dual) sacred torch." Dionysus was identified with Iacchos, a god connected with the "nether two," i.e., Demeter and Phersephatta, and often shown with a torch. κοῦραι = κόραι, "maidens."
χορεύσασθε βοάν: "give a choral (i.e., singer-dancer's) cry."

104. κῶμος: "revel," consisting of drinking, dancing, and song, and closely associated with Dionysiac rite.

105-6. εὐπίστως...ἔχει: "my (mood) is obediently conditioned," i.e., "I am obediently ready." Intransitive ἔχω + adverb regularly = εἰμί + adjective.

107. ἄγε: parenthetical "come" may be singular even with a plural imperative following.

108 ῥύτορα: "drawer."

109-10. χώρας ...γᾷ: "concavity (here created by the building of a wall) of the place (i.e., Troy) in the land of the Simoïs (river)." Apollo and Poseidon built the walls of Troy. Elsewhere γύαλον = "(natural) hollow, glen."

111. χαῖρε: "rejoice in" + dative.

112-3. ἐν...προφέρων: "giving prominence to your sacred prerogative on the occasion of a musical tribute." Music was Apollo's realm.
εὐμούσοισι: -οισι is a metrically convenient alternative to -οις.

114. ὄρεσι δρυογόνοισιν: "oak-engendering mountains."

115. ἀείσατ(ε): < ἀείδω.

116. ἀγροτέραν: "huntress."

118. γόνον: here feminine.
Λατοῦς: < Λατώ = Λητώ.

119. ἀπειρολεχῆ: "without experience of the bed," i.e., "virgin."

120-2. Λατώ... Χαρίτων: "(sing) Leto and the notes (κρούματα) of the Asian (lyre) (that are) in rhythm with the foot (and) rhythmic through the (directive) nods (νεύματα) of the Phrygian Graces."

123. ἄνασσαν: "lady," a title used especially of a goddess.

125. ἄρσενι = ἄρρενι < ἄρρην, "masculine."
δοκίμων: "stalwart."

126-7. τᾷ... ὁπός: by which (τᾷ = τῇ as a relative pronoun; antecedent = κίθαριν) and through our (ἀμετέρας = ἡμετέρας) voice (ὁπός < ὄψ) that reaches them at once (αἰφνιδίου) the light (of joy; φάος = φῶς) speeds (ἔσσυτο ⟨ σεύω; gnomic aorist) to the eyes of the gods." On the gnomic aorist, see S 1931-2.

128 ὧν χάριν: "in thanks for which (things)."
ἄνακτ(α): < ἄναξ, "lord," used especially of gods.

130. ὡς: exclamatory, "How..."
ὢ πότνιαι Γενετυλλίδες: "revered Genetyllides," i.e., Goddesses of Sexual Excitement.

131. θηλυδριῶδες: "girlyish."

131-2. κατεγλωττισμένον καὶ μανδαλωτόν: "tongued-in and bolted fast," i.e., like a "French" kiss.
ἀκροωμένου: < ἀκροάομαι, "hear."

133. ἕδραν: "seat," i.e., "backside."
γάργαλος: "tingling sensation."

134. νεανίσχ' = νεανίσκε, "lad."
ἥτις εἶ: indirect question. The confusion of genders is deliberate.
κατ(ά): "following."

135. Λυκουργείας: In-law borrows at least line 136, perhaps more, from the *Edoni*, the first play in Aeschylus' tetralogy the *Lycurgia*, in which Lycurgus mocked Dionysus as effeminate.

ἐρέσθαι: second aorist infinitive < ἔρομαι, "ask."

136. ποδαπὸς ὁ γύννις: "Where is he, the little lady, from?"
γύννις = diminutive < γυνή.
137. βίου: here, "way of life."

137-8. τί...λαλεῖ: "What does the barbitos (a stringed instrument used by men) chat about to the saffron, see-through gown?";
i.e., "What do they have in common?"
λύρα: "lyre," a man's instrument to a Greek.
κεκρυφάλῳ: "hairnet."

139. λήκυθος: an oil-flask, carried by a male athlete.
στρόφιον: a woman's belt or sash.
ὡς οὐ ξύμφορον: "How inconsistent!" See S 2691, 2694.

140. τίς...κοινωνία: "Whatever is the partnership of a mirror and a sword?"; i.e., "What do they have in common?"

141. πότερον: indicates that an alternative question is to come (143).
τρέφει: "are you nurtured?"; i.e., "do you live?"

142. καὶ ποῦ πέος;: "Then where (is) your prick?"
Λακωνικαί: "Laconians" were a kind of men's shoes.

143. ἀλλ(ὰ)...δῆτ(α): "alternatively," as also in 144.
ὡς γυνή: sc. τρέφει.
τιτθία: "tits."

144. τί...τί...: "what...why..."

145. ζητῶ σ(ε): "am I to find out about you .. ?"; deliberative subjunctive.

147. τὴν...παρεσχόμην: "I brought forth no grieving on my behalf."

148. ἐγὼ...φορῶ: "I wear the clothing (ἐσθῆτα < ἐσθής) along with the mentality."

149-50. χρὴ...ἔχειν: "For a man (who is a) poet, with respect to the dramatic actions that he needs to portray poetically, with respect to these he ought to have a (suitable) character."

151. αὐτίκα: here, as occasionally, "for instance." For ἦν see on 69.

152. μετουσίαν...ἔχειν: "his person must have participation in their characteristics."

153. οὐκοῦν...ποιῇς: "So (οὐκοῦν) you go riding whenever you create a *Phaedra*." When used of women, κελητίζω, "ride a horse," commonly insinuates "adopt the equestrienne position" in sexual intercourse. Phaedra was a Cretan princess, wife of Theseus. In Euripides' extant *Hippolytus*, she conceives a passion for her stepson, Hippolytus, which he does not return. Her passion revealed and herself scorned, she commits suicide while leaving a message that falsely accuses Hippolytus and leads to his death. There is no other evidence that Agathon wrote a play on this subject.

155. ὑπάρχον: "pre-existing."
τοῦθ': i.e., masculinity.

157. σατύρους...ποιῇς: "represent satyrs in poetry," i.e., "compose a satyr drama." A tragic poet ordinarily entered three tragedies and one play with a satyr chorus in the contest at the Great Dionysia.
καλεῖν: infinitive for imperative (S 2013).

158. σοὔπισθεν = σοῦ ὄπισθεν, "from behind you."
ἐστυκώς: < στύω, "get a hard-on."

159. ἄλλως τ(ε): "And moreover."
ἄμουσαν: "out of keeping with the Muses' art," i.e., "in bad taste."

160. ἀγρεῖον: "uncouth."
δασύν: "shaggy," i.e., with a beard.
σκέψαι: middle imperative < σκέπτομαι, "consider."

161. ἐκεῖνος: "the famous."

161-2. Ibycus (*fl.* 536-3 BC), Anacreon (born *ca.* 570 BC), and Alcaeus (born *ca.* 620 BC), were lyric poets.

162. ἁρμονίαν ἐχύμισαν: "gave flavor (χυμός) το their style."

163. ἐμιτροφόρουν: "wore the mitra," a headband worn by women and Dionysiac votaries.
διεκλῶντ(ο) Ἰωνικῶς: "practised delicacy in the Ionian manner," Ionians being thought of as unmanly.

164. Φρύνιχος: tragic poet, contemporary with Aeschylus.
γὰρ οὖν ἀκήκοας: "you must at least (GP 447) have heard (of)."

165. ἠμπίσχετο: < ἀμπίσχω, "dress."

166. καί: "also."

167. ὅμοια: neuter plural, as the accent shows.
ἀνάγκη: sc. ἐστι.
φύσει: here, "appearance," dative with ὅμοια.

168. ταῦτ(α) ἄρ(α): "For this reason (adverbial accusative), then," i.e., "So that's why."
Φιλοκλέης: Philocles, like Xenocles and Theognis, a contemporary tragic poet.
αἰσχρός: "ugly."

169. κακός: here, "awful."

170. ψυχρός: "frigid," "stiff," "lifeless."

172. ἐθεράπευσα: "I took proper care of."
πρὸς τῶν θεῶν: "in the name of the gods."

173. βαύζων: "yapping (like a dog)."

174. τηλικοῦτος: "(just) so old" i.e., "at the same age."

175. παιδεύσεως: genitive with ζηλῶ (S 1405).

176. ὧνπερ οὔνεκ(α): "(the things) for the sake of which."
οὔνεκα = ἕνεκα.

177-8. σοφοῦ...ὅστις: "(it is) characteristic of a brilliant man that he..." Euripides here quotes from his own play, *Aeolus*.
οἶος τε συντέμνειν: "able to summarize"; cf. on 3.

179. καινῇ: "novel."
πεπληγμένος: < πλήσσω, "strike."

180. ἀφῖγμαι: < ἀφικνέομαι.
τοῦ = τίνος, interrogative.

182. τοῖς Θεσμοφορίοις: "at the Thesmophoria," dative of time when.

184. ἐγκαθεζόμενος...ἐν: "having taken a seat among," "having joined in a meeting of."

185. ὡς δοκῶν: "counting on the fact that you will seem"; see S 2086.

186. ὑπεραποκρίνῃ μου: "you speak in reply (to my accusers) on my behalf," μοῦ depending on the force of ὑπέρ.

187. ἀξίως ἐμοῦ: "in a manner worthy of me."

188. πῶς: English requires "Why?" or "How does it happen that?" ἀπολογεῖ: second person singular middle.

189. γιγνώσκομαι: "I get recognized."

190. πολιός: "gray(-haired)."

191. λευκός: See on 31.
ἐξυρημένος: < ξυρέω, "shave."

193. ἐποίησας: "You wrote."

194. = Euripides *Alcestis* 691, where Admetus' father is indignant that his son should expect him to die on his behalf.

195. ἔγωγε: "Yes, I (did)."
κακόν: "trouble."

196. ὑφέξειν: < ὑπέχω, "undergo."

197. οἰκείως: "in person."

199. παθήμασιν: "acts of submission."

200. καταπύγον: vocative < καταπύγων, abusive term for a pathic homosexual (πυγή = "buttocks"). Translate: "fag." In-law plays on a sense of παθήμασιν, viz., "acts of pathic sexuality."

202. αὐτόσε: "to that particular place."

203. ὅπως: "(You ask) how?" (See on 96.)

204. ἔργα νυκτερείσια: "deeds of nightly thrusting."

205. θήλειαν Κύπριν: "women's sexual pleasure." Cypris, i.e., the Cyprian goddess Aphrodite, is a euphemism for sexual pleasure.

206. ἰδού γε κλέπτειν: "Listen to (that), 'steal away'." ἰδού is sometimes used (often with γε) to heap sarcasm on a word just used; contrast on 25.
μὲν οὖν: corrective; "you mean rather..."

207. εἰκότως ἔχει: "is reasonable." See on 105-6.

208. δόκει: imperative, as its accent shows.

210. κηδεστά: vocative < κηδεστής.
προδῷς: here, "give up on."

211. ποιήσω: deliberative subjunctive.

211-2. μακρὰ κλάειν: "to have a loud (literally, "far-ranging") wail," i.e., "to get a beating." English: "to go to hell."
κλάειν = κλαίειν.
χρῶ: imperative < χράομαι (+ dative).

214. ἀπόδυθι: second aorist imperative < ἀποδύω, "take off."
θοἰμάτιον = τὸ ἱμάτιον, "cloak," "outer garment."
καὶ δὴ χαμαί: "See, (there it is) on the ground."

215. δρᾶν μ(ε): See on 71.
ταδί: "these here," pointing to the hairs in In-law's beard.

216. τὰ...ἀφεύειν: "and to singe off those below," i.e., In-law's pubic and anal hair; women removed such hair by singeing or plucking.
ἀλλά: "Well...," as often when it begins a response in dialogue.

217. ὡς μὴ...ὤφελον: "How I ought never to have...," i.e., "how I wish that I never had..." For this form of unattainable wish, see S 1781.

218. σὺ μέντοι: "You -- that's why I'm asking --" (GP 400).
ξυροφορεῖς ἑκάστοτε: "you carry a razor on every occasion."

219. χρῆσον: aorist imperative < χράω, "lend."

220. ξυροδοκῆς: "razor case."
γενναῖος εἶ: "You're a gentleman."

221. φύσα: imperative < φυσάω, "puff."

222. κέκραγας: perfect with present sense < κράζω, "scream."
πάτταλον: "gag," a wooden device to keep the jaws fixed open.

223. ἀτταταῖ ἰατταταῖ: "owowowow."

224. οὗτος σύ: "Hey, you," a peremptory demand for attention.
θεῖς: < θέω, "run."
εἰς...θεῶν: "to the (shrine) of the August Goddesses," i.e., the Eumenides, who gave sanctuary; S 1302.

225. μενῶ: future, as the accent shows.

226. οὔκουν...δῆτ' ἔσει: "Well, in that case won't you be..?"
Distinguish οὔκουν (= οὐκ) from οὐκοῦν. See GP 430-41.

227. ἡμίκραιραν: "one side of the face."

228. μέλει: "it matters to" + dative.

229. προδῷς: here, "let me down."

230. ἀνάκυπτε: "lean (your head) back."
στρέφει: second person singular.

231. μῦ μῦ: "mumum," a stifled cry.

232. ψιλὸς...στρατεύσομαι: "Well I'll do my service 'bare',"
an untranslatable pun. ψιλός is a technical term for a lightly armed ("bare" of armor) skirmisher and also means "bare (of hair)."

233. εὐπρεπής: "good-looking."

234. φέρε: "let me have (it)," i.e., Agathon's mirror; cf. 140.

235. Κλεισθένη: a beardless Athenian and frequent target of Aristophanes' jibes.

236. ἀνίστασο(ο): present imperative middle < ἀνίστημι. κἀγκύψας ἔχε: "and having bent forward, hold (the position)." ἐγκύψας = aorist participle < ἐγκύπτω; cf. 230.

237. δελφάκιον: "young pig." They were singed, after slaughtering, to remove the bristles. There may be further allusions. Pigs were sacrificed at the Thesmophoria; and since "piglet" was slang for female genitalia, the phrase also suggests he fears loss of masculinity.

238. ἐνεγκάτω: third person singular aorist imperative active < φέρω. δᾆδ(α): < δαΐς "torch," a joke, but women did use a lamp (λύχνον) to remove pubic hair. Torches were also connected with Demeter and Persephone.

239. τὴν...ἄκραν: "Now watch out for the tip of your dick (literally "tail")." The actors of male roles often wore an artificial phallus.

240. ἐμοι μελήσει: "I'll see to that." πλήν γ(ε): "except that."

241. οἴμοι τάλας: "Alas, what I endure," tragic diction.

242. πρὶν...φλογός: "before this (dick) goes to work on the fire." He apparently threatens to urinate on the fire, but text and sense are uncertain.

243. θάρρει: imperfect < θαρρέω = θαρσέω, here, as often, "be brave." θαρρῶ: deliberative subjunctive. καταπεπυρπολημένος: "since I have been ravaged by fire."

244. οὐδὲν πρᾶγμα: "any trouble." For the reiterated negative, see on 10.

245. ἀποπεπόνηκας: < ἀποπονέω, "suffer through." φῦ: "Pew!"

ἰοὺ τῆς ἀσβόλου: "Oh, the soot," genitive of exclamation (S 1407).

246. αἰθός: ambiguous, meaning either (1) "black" and especially "sooty," or (2) "red." In-law means that he is "sooty" but in fact he has defecated from fear (a frequent motif in comedy), so staining himself with the reddish hue the Greeks saw in human ordure.
πάντα...τράμιν: "in all parts around my crotch."

247. σπογγιεῖ: < σπογγίζω, "sponge off."

248. οἰμώζετ(αι): < οἰμώζω, "wail." Translate: "be sorry."
πλυνεῖ: < πλύνω, "wash," and also a slang term for "abuse (verbally)."

249. φθονεῖς: here, "grudgingly refuse."

250. ἀλλ(ὰ)...γοῦν: "still, at least."
ἡμῖν: "please," an ethical dative (S 1486).
τουτῳί: i.e., In-law.

251. στρόφιον: See on 139.
ἔστ(ι): sc. σοι, "are to you," i.e., "you have."
ἐρεῖς: < ἐρῶ, commonly used as the future of λέγω.

253. κροκωτόν: See on 137-8. This is not the ἱμάτιον requested in 259, which is an outer garment.
ἐνδύου: "put on."

254. ὄζει: "smell of" + genitive.
ποσθιόυ: "dicky," an affectionate word (diminutive < πόσθη, "dick").

255. σύζωσον ἀνύσας: "put the belt around and be quick about it." The aorist participle of ἀνύω "complete," is often thus used with imperatives.
αἶρε...στρόφιον: "Now hand me the belt," i.e., "give it to me to tie."

256. ἴθι: + imperative = "come and..." or "come on and..."
κατάστειλον: "arrange in pleats."
τὼ σκέλει: See on 23-4.

257. δεῖ: "there is need of..." + genitive. For the items of dress, see on 137-8, 163.

259. ἀλλά...πάνυ: "moreover, it's actually entirely suitable," a rare affirmative use of ἀλλά, as also in the next line.

261. φέρ(ε)...ποῦ: "Let's see (φέρε), where is the outer wrap (ἔγκυκλον)?"
κλινίδος: < κλινίς, "couch," the one on which Agathon has been brought out.

263. χαλαρά: "loose (shoes)." They are κοθορνοί, women's shoes indifferently fitting either foot.

264. γίγνωσκ(ε): "be the judge of."
δέει: < δέομαι, "ask for" + genitive.

265. εἰσκυκλησάτω: See on 96.

Agathon is rolled back into his house and the doors close.

267-8. ὅπως...γυναικιεῖς: "(see) that you do as a woman does..." In this idiom the future indicative is normal with ὅπως clauses.

271. πάσαις τέχναις = πάσῃ τέχνῃ (as in 65).

272. ὄμνυμι: + accusative = "swear by." Euripides here paraphrases a line from one of his plays about Melanippe (see on 547).

273. τί μᾶλλον ἤ: "Why (this) rather than..."
τὴν...ξυνοικίαν: "Hippocrates' apartment." Neither the point of the joke nor even the identity of Hippocrates is clear.

274. ἄρδην: "without exception."

275-6. μέμνησο: < μιμνήσκω. In-law paraphrases a line from Euripides' *Hippolytus* (612), where Hippolytus, having sworn to keep a secret before learning what it was, later, having learned, says: ἡ γλῶσσ' ὀμώμοχ', ἡ δὲ φρὴν ἀνώμοτος. Although innocent in context, the line was pilloried as teaching immorality.
οὐδ' ὥρκωσ(α): "nor did I administer the oath (to your tongue only)."

277-8. τὸ...ἐκκλησίας: "the sign for the assembly." We do not know what form it took.
Θεσμοφορείῳ: "Thesmophorion," the place where the women gathered for the festival.

279. At this point the scene changes to the place where the Thesmophoria is to be celebrated. Both Euripides and In-law leave, but In-law returns almost at once accompanied by a female slave, as befits his assumed role as a lady of social position.
Θρᾷτθ': "Thratta," a name given to a female slave of Thracian origin.

280. θέασαι: aorist middle imperative < θεάομαι.

280-1. καομένων...χρῆμ(α): "how great the thing of the burning torches," i.e., "what a multitude of burning torches." ὑπὸ τῆς λιγνύος: "with smokey flame."

282. περικαλλεῖ Θεσμοφόρω: dual.
δέξασθε: plural verb with dual subject, as often.

284. κάθελε: < καθαιρέω. The Thracian maid seems to be carrying the basket or box (κίστην) on her head or shoulder.
κᾷτ' = καὶ εἶτα.

285. πόπαν(α): "sacrificial cakes."
τοῖν θεοῖν: "to the two goddesses." ἡ θεός is Attic for "goddess"; for feminine τοῖν see S 332b.

287-8. πολλὰ...ἔχουσαν: "(grant) that I, having much wealth (πολλὰ ἔχουσαν) on many occasions may make many (take πολλά again with θύειν) sacrifices to you." The infinitive expresses a wish for the future (S 2014) here and in the following lines, with a governing verb, e.g. δότε, to be supplied.

288. εἰ...λαθεῖν: "but if not (μάλλά = μὴ ἀλλά), still (grant) that I may now evade discovery."

289. εὔχοιρον: "with her good pussy." χοῖρος = "pig"; see on 237.
τυχεῖν: + genitive = "get."

290. ἄλλως δ(έ): "and...besides."

κἀβελτέρου: "and idiotic."

291. ποσθαλίσκον: diminutive, "little dicky boy," a mother's fond name for a son; see on 254.

292. ἐν καλῷ: predicative, "(so as to be) in a good (place)."

294. οὐκ ἔξεστι: here, "it is not permitted."

Exit Thratta. Enter the chorus of "Women attending the Thesmophoria" (Θεσμοφοριάζουσαι) and an actor who will play the Woman Herald at 295. Probably the actors who will portray First Woman (see 380) and Second Woman (see 443) also enter at this point. The women are represented as holding a women's version of the Athenian Ecclesia, the sovereign Assembly of adult male citizens, which Aristophanes parodies.

295-311. A prose passage, rare in extant comedy.

295-303. εὔχεσθε...ποιῆσαι: "Pray to...that you may hold."

299-300. Πλούτῳ: Πλοῦτος, the god who gives wealth and the son of Demeter, but also identified with Πλούτων ('Αιδης), the spouse of Φερρέφαττα.
τῇ Καλλιγενείᾳ καὶ τῇ Κουροτρόφῳ: "her who gives good births and who nourishes the young," perhaps Demeter herself in two of her aspects.

306. ἀγορεύουσαν: "speaking," especially at a meeting.

309. νικᾶν: i.e., in the public debate. The construction depends on εὔχεσθε in 295.

311. ἰὴ παιῶν: an untranslatable ritual cry.

312-30. In lyric meters.

312. δεχόμεθα: "We accept (what has just been said)," i.e., "We say amen."

313. λιτόμεθα = λισσόμεθα, "we beseech."
ἐπ(ί): anticipates the ἐπι- of ἐπιχαρῆναι, "to be pleased at," in 314.
φανέντας: "appearing."

315. χρυσολύρα: vocative < χρυσολύρας, "you of the golden lyre," i.e., Apollo.
316. Δῆλον: the sacred island where Apollo was born.
    ἔχεις: "protect," as often of divinities with places.

317-8. κόρα: "maiden," i.e., Athena.
    γλαυκῶπι: vocative < γλαυκῶπις, probably "gleaming-eyed" but suggesting "owl-eyed" (γλαῦξ ="owl"), since the owl was Athena's bird.
    χρυσόλογχε: "you of the golden spear-point."

319. περιμάχητον: "fought for," referring to Athena's contest with Poseidon for primacy in Athens.

320. θηροφόνη: "slayer of wild beasts," i.e., the huntress Artemis.

323. ἁλιμέδον: "ruler of the sea."

325. οἰστροδόνητον: "that can be goaded to frenzy."
    εἰναλίου = ἐναλίου, "of the sea." The Nereids (Nereus' daughters) were sea-nymphs.

326. ὀρείπλαγκτοι: "mountain-roaming," i.e., Oreads.

327. φόρμιγξ: i.e., Apollo's.
    ἰαχήσειεν: a wish for the future, as indicated by the optative without ἄν in an independent clause.
    ἐπ(ί): "on the occasion of."

328. τελέως: "duly."

331-4. The mention of gods and goddesses is overlapping, but the point is to omit no one, and no title, which may win favor. What follows in 335-351 is a parody of ritual curses actually used at the opening of a meeting of the Assembly.

335. τῷ δήμῳ: "the sovereign people," as often in a political context.

336. (ἐ)πικηρυκεύεται: "is communicating by the herald with..." + dative, suggesting negotiations with an enemy.

337. ἐπί: See on 84.

338. τυραννεῖν: i.e., to hold unlimited political power by unconstitutional means.

339. συγκατάγειν: "to join in the restoration of." The Athenians had feared the return, with Persian help, of the Peisistratids, a tyrant dynasty expelled in 510 BC.

339-40. παιδίον...κατεῖπεν: "denounced (a woman) passing off another's child as her own," i.e., a wife who, having feigned pregnancy, and having arranged to be supplied surreptitiously with a new-born baby, pretends to give birth -- possible, since an Athenian husband would not be present at child birth -- and presents the child to her husband as theirs. The production of a male heir was an essential task for a wife.

341. προαγωγός: "go-between," procuress," i.e., one who arranges assignations.
ἐνετρύλισεν: "whispered in the ear of."

342. ψευδεῖς: "inauthentic," i.e., not the ones entrusted to the slave by her mistress for her lover.

343. μοιχός: "illicit lover."

344. ἄν = ἅ ἄν.
ὑπόσχηται: < ὑπισχνέομαι.

345. δῶρα: "bribes," as often.

346. προδίδουσ(α)...φίλον: "in betraying the (younger woman's) lover (to the younger woman's husband), (although) being (the younger woman's) friend."

347. κάπηλος ἢ καπηλίς: "male or female retailer."
χοός: genitive < χοῦς, a liquid measure of a little more than three quarts.

348. κοτυλῶν: one κοτυλή = a little more than one cup (12 κοτυλαί = 1 χοῦς).
νόμισμα: "legal standard."

349. κῴκίαν = καὶ οἰκίαν, "and his household."

352-71. In lyric meters..

355-6. τὰ...λεγούσαις: "and that all those who say what is best, who it is fitting should prevail, do prevail."

359. νενομισμένους: "that have been established by law."

361-2. ψηφίσματα...ἀντιμεθιστάναι: "to reverse the respective places of decrees and law." The state was governed by laws, which had an almost constitutional status, and by decrees, which were supposed to be in harmony with the laws and could not change them. The speaker deprecates any attempt to alter the constitution by a mere decree.

363. τἀπόρρητα: "things not to be spoken," i.e., "classified information."

365-6. τῆς...⟨τοῦ κρατεῖν⟩: κρατεῖν + genitive = "to hold sway over. If the idea of the supplement is right, the chorus are condemning Athenians who would use Persian help to secure political domination at Athens. The manuscripts have οὕνεκ' ἐπὶ βλάβῃ, of which the last two words have almost certainly been repeated by accident from 360 and displaced the true reading.

369. κυρώσειας: < κυρόω, "to ratify/give validity to."

372-4. ἔδοξε...Σωστράτη: The phrasing parodies the usual formula for an Athenian decree; "This was resolved by the Council; A presided (ἐπεστάτει); B was secretary (ἐγραμμάτευεν); C made the motion (εἶπε)." The content was then expressed by subject accusative and infinitive.

375. τῇ μέσῃ: See on 80.

377. χρηματίζειν: "to take up the business."

378. ὅτι...ἐκεῖνον: "as to what penalty he should incur," a set legal phrase.
ἀδικεῖν...δοκεῖ: "he seems to be guilty," another legal phrase.

380. περίθου: aorist imperative middle < περιτίθημι.
τόνδε: sc. τὸν στέφανον. Wearing a garland showed that a speaker had the floor.

381-2. Iambic Tetrameters (see Metrical Note).

381. χρέμπτεται: "is clearing her throat."

381-570. In the majority of his plays Aristophanes includes at least one scene of set debate (ἀγών, "contest") between two parties. These scenes are constructed in a relatively rigid formal pattern which includes carefully counterbalanced contributions by the contestants and the chorus in meters of a prescribed type. Here we find only a "quasi-agon," a loose variation of the much stricter pattern found elsewhere. See Dover, 66-8.

383. φιλοτιμίᾳ...οὐδεμιᾷ: dative of cause (S 1517).

384. ἀλλὰ γάρ: "The real reason is that."

385. βαρέως φέρω: "I have been distressed" (S 1885).

387. τοῦ τῆς λαχανοπωλητρίας: "the (son) of the vegetable woman." λάχανα were various "greens," gathered, rather than raised, for food. Aristophanes often refers to this point about Euripides' mother as well known, but its relation to biographical fact is obscure.

388. πολλὰ...κακά: i.e., "being said about us." ἀκούω + x (accusative) often = "I am called x," "I have x said about me."

389. τί: with κακῶν; "What of evils?", i.e., "What slander?" ἐπισμῆι: < ἐπισμάω, "smear x (accusative) with y (accusative)."

390. διαβέβληχ': < διαβάλλω, "bring into discredit"; sc. ἡμᾶς.
ἔμβραχυ: "in short," an adverb used in classical Attic only with indefinite relatives.

391. τραγῳδοί: "tragic actors."

392-4. τάς...τάς: The repetitions of the definite article marks the epithets as quotations from plays of Euripides, "saying that we are '...'."

393. οἰνοπίπας: "oglers of wine."

395. ἰκρίων: "benches" in the theatre.

396. ὑποβλέπουσ(ι): "eye suspiciously."
397. μή: "for fear that." Verbs of caution often govern fearing clauses (S 2220).

398-9. δρᾶσαι... ἔξεστι = δρᾶσαι δ' ἐθ' ἡμῖν οὐδὲν ἔξεστιν τούτων ἃ καὶ πρὸ τοῦ (= τούτου) ἔξην. For the relative attracted into the case of an omitted antecedent, see S 2531. The use of καί here is untranslatable; see GP 295-6.

399. ἐδίδαξεν: taught x (accusative) y (accusative)."

400-1. Presumably a reference to an incident in a lost Euripidean tragedy.
ἐκβάλῃ: here, "drops."

403. ἀνήρ = ὁ ἀνήρ, "the husband," as often.
τῷ... χύτρα: "For whom (τῷ = τίνι) has the pot been broken (< κατάγνυμι)?" In Euripides' lost *Sthenoboea* the married heroine, crazed with illicit passion for the young Bellerophon, was described as (apparently) dedicating whatever she dropped (when distracted by thoughts of him?) "to the Corinthian stranger."

404. οὐκ ἔσθ' ὅπως οὐ: "It is not possible how (it is) not," i.e., "Surely it is."

405-6. Apparently another allusion to a lost tragedy.

407. εἶεν: "Very well then."
ὑποβαλέσθαι: sc. παῖδα; see on 339-40.

408. ἀποροῦσα παίδων: "being at a loss for children." Many verbs of lacking take a genitive of separation (S 1396).
οὐδὲ... ἔστιν: "it is not even possible that..."

410. πρὸς... θ': "and in the eyes of." When a clause begins with a prepositional phrase, τε may either follow the preposition or, as here, follow its object.
μείρακας: "young girls."

411. ἤγοντο: "used to take to themselves," i.e., "marry."

412. τοὔπος = τὸ ἔπος; for the sense, see on 53.

413. A line from Euripides' *Phoenix*.

414. γυναικωνίτισιν: "women's quarters."

415. σφραγίδας...καὶ μοχλούς: "seals and bolts."

416-7. Μολοττικοὺς...κύνας: "Molossian hounds," used as watch dogs.
μορμολυκεῖα: predicative, "(as) bogeys," i.e., monsters that frighten children.

418. ξυγγνώσθ' = συγγνωστά, "forgivable."

419. ταμιεῦσαι: "to be stewards of."
προαιρούσαις: < προαιρέω, "take from the stores."

421-2. κλειδία κρυπτά: "hidden keys," i.e., keys whose design is not obvious from mere external inspection of the lock.
φοροῦσιν: "carry (habitually)."

422-3. κακοηθέστατα Λακωνίκ' ἄττα: "some extremely bad-tempered Laconian keys." Laconian locks had a concealed mechanism. Since Laconian dogs were also famous (like Molossians), and keys do not have "tempers," the epithet suggests an implied comparison of the locks-and-keys to vicious dogs.
γομφίους: "teeth," which fits keys, but also suggests dogs.

424. ἀλλ(ά): "still," i.e., even if they had sealed the doors.

425. ποιησαμέναισι...τριωβόλου: "having made for ourselves a signet ring at the price of three obols." The price (= 1/2 drachma) is low, a day's wage for an unskilled worker. For genitive of price, see S 1372. -αισι (S 215) is a metrically convenient alternative to -αις.

426. φκότριψ = ὁ οἰκότριψ, "the slave born and reared in the household," with the implication "favored" or "trusted." Translate: "the master's confidant."

427. θριπήδεστ(α): "worm-eaten," i.e., wooden seals with a singular pattern of worm holes and so virtually impossible to duplicate.

428. ἐξαψαμένους: "having attached them to their persons," i.e., "hanging them from their belts," or the like; < ἐξάπτω.

τούτῳ: i.e., Euripides.
429. κυρκανᾶν: "mix up," i.e., "cook up."
ἀμωσγέπως: "in *some* way."

430. μιᾷ...τέχνῃ: "by *one* device (of all the possibilities)."

431. ὅπως ἀπολεῖται: object clause (S 2209-11) with future indicative after verb of effort (here, κυρκανᾶν); in apposition to the direct object ὄλεθρον.

432. μετά: "with the help of."
συγγράψομαι: "I will draft in a resolution."

433-42. A lyric in metrical correspondence with 520-30; such corresponding passages are called "strophe" (Στρ.) and "antistrophe" (Αντ.).

433. ταύτης: "than this woman," genitive of comparison.

434. πολυπλοκωτέρας: "craftier."

435. δεινότερον: "more impressively."

436. δίκαια: predicative, "(in such a way that it was) just."

437. ἰδέας: "aspects (of the case)."
ἐξήτασεν: < ἐξετάζω, "review."

438. ἐβάστασε: "she weighed."

439. διεζητημένους: < διαζητέω, "seek out."

440-1. ὥστ' ἂν...δοκεῖν ἂν αὐτόν = ὥστ' ἂν...δοκοίη ἂν (S 2270). For repeated ἂν see S 1765.
παρά: "beside."
Ξενοκλέης ὁ Καρκίνου: See on 168.

442. ἐγῷμαι = ἐγὼ οἶμαι.
ἄντικρυς μηδὲν λέγειν: "to say absolutely nothing."

443. παρῆλθον: the verb commonly used for one who comes before a group to speak.

445. πέπονθα: < πάσχω.

447. παιδάρια: diminutive plural < παῖς.

448 στεφανηπλοκοῦσ(α)...ἐν μυρρίναις: "as a weaver of wreaths in (the place where) myrtle wreaths (are sold)." ἐν + the name of some product indicates a market.

449. τέως: "for a while."
ἀλλ(ά): "still," i.e., although it wasn't easy.

450. ἐν ταῖς τραγῳδίαις: "in the tragedy market."
ποιῶν: "writing poetry."

451. τοὺς ἄνδρας: i.e., her customers.
ἀναπέπεικεν: < ἀναπείθω.

452. οὐδ' εἰς ἥμισυ: "not even up to half (as many as before)."

455-6. ἄγρια...ἀγρίοισι: a pun since ἄγριος means both "uncivilized (in behaviour)" and "undomesticated (plants or animals)." See on 387.

456. ἅτ(ε)...τραφείς: "since he was raised"; ἅτε + participle expresses cause.

458. ξυνθηματιαίους: "for which I have orders."

Exit Second Woman.

459-65. Lyric metre.

459-60. ἕτερον...τι: predicative with ἀναπέφηνεν, "has shown itself to be something different again"; the second perfect active of ἀναφαίνω is regularly intransitive (S 819).

461. οἷα κατεστωμύλατο: "What (fine accusations) she mouthed!"

465. δοῦναι δίκην: "to pay the penalty for" + genitive.

In-law steps forward to speak.

466. τὸ...ὀξυθυμεῖσθαι: "the fact that your are enraged at"; articular infinitive (S 2025-6, 2031).

468. ἐπιζεῖν: sc. τό.

469-70. ἔγωγ(ε)...μισῶ: "I *do* hate"; as often, γέ with personal pronoun subject actually intensifies the affirmation as a whole. οὕτως...τέκνων: literally, "(just as I am telling the truth) so may I have profit (< ὀνίνημι) from my children."

470. εἰ...μαίνομαι: "if I'm not crazy," i.e., only a crazy woman would fail to hate him.

471. δοῦναι... λόγον: "to allow (open) discussion."

472. αὐταί: "(by) ourselves."
ἔκφορος λόγου: "divulger of (our) speech."

473. τί: "Why."
ταῦτα...(ἐ)κεῖνον αἰτιώμεθα: αἰτιάομαι = "blame *x* (accusative) for *y* (accusative)."
ἔχουσαι: literally, "holding," i.e., "continually" (see S 2062a).

475. ξυνειδώς: < ξύνοιδα; "having inside information about." Here with genitive, though in 477 with dative.
εἶπε δρώσας: "he said (them) about (us when we are actually) doing."

476. ἵνα...λέγω: parenthetical, "not to mention anyone else."

477. ἐκεῖνο: "the following," as often.
δ' οὖν: "however."

479. ἦν...φίλος: "But I had a lover."

480. διεκόρησεν: "put an end to my maidenhood," "deflowered."
ἑπτέτιν: "seven years old."

481. πόθῳ μου: "out of longing for me"; objective genitive.
(ἔ)κνυεν: "was scratching at."

482. καταβαίνω: either "get out of bed," or "go downstairs."

483. ποῖ: "for what purpose?"

484. στρόφος...κὠδύνη: "a cramp and a pain."
γαστέρ(α): "in the belly"; accusative of respect.
ὦνερ = ὦ ἄνερ.

485. κοπρῶν(α): "privy."

486. κεδρίδας...σφάκον: "juniper berries, dill, sage," as remedies for the cramp.

487. καταχέασα...ὕδωρ: "having poured water down the socket (of the hinge)," i.e., to keep it from squeaking.

488. ὡς: as preposition with accusative = "to."
ἠρειδόμην: "I was being thrust into (< ἐρείδω)"; with a sexual sense, "I was getting knocked."

489. τὸν Ἀγυιᾶ: "Apollo's pillar," a conical pillar often set up at the door of a house to honor Ἀπόλλων Ἀγυιείς, the god of the streets.
κύβδα: adverbial, "leaning forward," often used of a sexual position.
ἐχομένη: ἔχομαι + genitive = "hold on to."

490. ὁρᾶτ(ε): parenthetical; cf. also 496 below.

491. κὡρεωκόμων: ὀρεωκόμος = "mule driver."

492. σποδούμεθ(α): "we get banged."

493. μάλιστα: "above all."
ληκώμεθα: "we get screwed."

494. σκόροδα διαμασώμεθα: "we chew up garlic cloves."

495. ὀσφρόμενος: < ὀσφραίνομαι, "smell."
ἀπὸ τείχους: "from (the city) wall" (see S 1141), where he has been on duty, a common situation at the time, since the Spartans had occupied a fort in Athenian territory and were a constant threat.

496. μηδὲν...ὑποτοπῆται; "may suspect (us) of doing nothing bad."

499. The definite article (ἡ γυνή) shows that In-law expects the story to be recognized. Thus, ostensibly, he is citing known facts; but actually the material cited both in 490-519 and in 555-63 may owe more to popular tales with misogynist themes.

500. ἰδεῖν ὑπ' αὐγὰς οἷον: "(saying) how (fine it is) to see in good light." For ἰδεῖν, see S 2005.
ἐγκεκαλυμμένον: "wrapped up (in his cloak)." The wife distracts the husband with the cloth while the lover gets out of the house; he is wrapped up as a precaution to avoid being identified if he should be seen.

502. (ἔ)φασκεν: < φάσκω, "keep saying."

503. δέχ' = δέκα.
ἐπρίατο: "she bought." ἐπριάμην is regularly used as the aorist of ὠνέομαι, "buy."

504. ὠκυτόκι(α): "drugs to hasten childbirth."

505. τὸ δ(ὲ)...τὸ παιδίον: "it...(I mean) the child."

506. κηρίῳ βεβυσμένον: "stopped with a honeycomb," i.e., with a honeycomb in its mouth.

507. ἔνευσεν: "gave the nod."

508. ἄπελθ(ε): The husband must leave to avoid the ritual pollution involved in childbirth.

509. τέξειν: < τίκτω.
τὸ...ἐλάκτισεν: "For it kicked the belly of the pot," i.e., facetiously, the baby shows it's ready for birth.

510. γεγηθώς: < γηθέω; "in a state of jubilation."
ἐξέσπασεν: < ἐκσπάω; sc. τὸ κηρίον.

511. ἀνέκραγεν: < ἀνακράζω.

512. μιαρά: literally, "ritually polluted," but often amounts to "rascally."

514. γέγονεν: "is born."
αὐτέκμαγμα: "very image"; but her singling out the penis for comparison (515f.), rather than a more distinctive feature, hints she is lying.

515. τὰ...πόσθιον: accusatives of respect.

516. τῷ σῷ: sc. ποσθίῳ.
στρεβλόν: here, "round and coming to a point."
κύτταρον: the small pine flower, similar in shape to the much larger pine cone.

518. ἡμεῖς γε: "we...*do*"; see on 469-70.
θυμούμεθα: "we are angry at," + dative (S 1461).

520-30. Antistrophe in lyric meters corresponding to the strophe at 433-42.

520. μέντοι: "really," "you know."

521. ὁπόθεν: "from what place."
ηὑρέθη: < εὑρίσκω.
χρῆμα: "monstrosity," i.e., In-law.

522. ἐξέθρεψε: < ἐκτρέφω.

524. πανοῦργον: "ready to do anything," "unscrupulous," a two-ending adjective.

525. κατὰ τὸ φανερόν = φανερῶς, "openly."

526. οὐκ ἄν... ἄν: "I didn't think that she would ever even dare...," an instance of repeated ἄν (S 1765), both to be taken with τολμῆσαι (S 1764).

527. πᾶν γένοιτ(ο): "anything may happen."

530. που: "surely."
μὴ δάκῃ: See on 397.
ῥήτωρ: "orator," a surprise substitute for the expected σκορπίον.

531-73. Dialogue in iambic tetrameter (see Metrical Note).

532. εἰς ἅπαντα: "in all respects."
πλὴν ἄρ᾽ εἰ γυναῖκες: "except - surprise (ἄρα) - women!" For πλὴν εἰ, see S 2966a.

533. οὐ...εὖ φρονεῖτε: "you are not in your right minds."
Ἄγλαυρον: one of the three daughters of Cecrops, a mythical early king of Athens.

534. πεφάρμαχθ(ε): < φαρμάττω, "bewitch."

535. ἐῶσαι: feminine participle < ἐάω.
φθόρον: "ruin," "corruption"; translate: "pestilence."

536. εἰ... ἔστιν: sc., e.g., "who is ready to be of help, we welcome it." The thought is dropped because she realizes that it is best to take care of the renegade themselves.
εἰ δὲ μή: "otherwise."

537. δουλάρια: diminutive < δοῦλος.
τέφραν: either "lime" or "ashes," to be used as a caustic for hair removal.

538. χοῖρον: See on 289.

539. τὸ λοιπόν: "hereafter."

541. παρρησίας: "the right of free speech."
κἀξόν = καὶ ἐξόν, "and it being permitted (to us)," accusative absolute (S 2076).
αὐταί: "(by) ourselves."

542. ἀγίγνωσκον = ἃ ἐγίγνωσκον.

544. ἥτις: "since you"; relative causal clause (S 2555).

546. ἐπίτηδες: "purposely."
λόγους: "stories," "plots."
ὅπου: "wherever."

546-7. πονηρὰ ἐγένετο: "turned out bad."
Μελανίππας...τε: "depicting women like Melanippe and Phaedra." For Phaedra, see on 153. Melanippe, depicted by Euripides in *Melanippe the Wise* and *Melanippe Imprisoned*, was seduced by Poseidon and gave birth to twin sons, for which she was punished by her father. For the plurals, see S 1000.

548. σώφρων: "chaste."

549. ἐγὼ...ταἴτιον: "(You have no grounds for complaint,) for I know the cause."

550. νῦν: adverb used adjectivally, "of today."

553. ἐπεί...εἶπον: The thought is: "(I mention this) because (I have more to say). Do you want me to say more?" For ἐπεί, see S 2244. For βούλεσθε + subjunctive, see S 1806.

554. ᾔδησθ(α): pluperfect < οἶδα.
ἐξέχεας: aorist second singular < ἐκχέω, "pour out."

555. μυριοστήν: literally, "ten thousandth," i.e., "nth."
ὧν: See on 398-9.

556. ὡς: "how," as in 559, 560, etc.
στλεγγίδας: "scrapers," used for scrubbing the body."

557. σιφωνίζομεν; presumably, "draw off" through a tube; it seems that some στλεγγίδες had tubular handles.
ἐπιτριβείης: aorist passive optative < ἐπιτρίβω; "may you get a bruising," an imprecation.

558. τὰ κρέ(α) ἐξ Ἀπατουρίων: "the meat left over from the Apaturia." The Apaturia was a festival at which men who belonged to the same phratry (literally, "brotherhood," a group of political and religious significance, membership in which was based on birth) gathered annually for three days. Meat was a luxury for the classical Greeks.
μαστροποῖς: "female go-betweens"; cf. 341.

559. τὴν...φαμεν: "we say the ferret (ate it)," ferrets being kept to catch mice.
φλυαρεῖς: "you're talking drivel."

560. κατεσπόδησεν: "struck down."

561. φαρμάκοις: "drugs," here probably, "love-potions."
ἔμηνεν: "drove mad"; cf. μαίνομαι, "be mad."

562. πυέλῳ: "bath tub."
κατώρυξεν: < κατορύττω, "bury."
ἐξόλοιο: < ἐξόλλυμι.

563. Ἀχαρνική: "the Acharnian woman," Acharnae being a locality in Attica. Ἀ- = ἡ Ἀ-.

565. παρῆκας: < παρίημι, "hand over."

566. οὐ καταπροίξει: "you will not get away with" + participle.

567. ἐκποκιῶ...ποκάδας: "I'll pull out (< ἐκποκίζω) your wool," i.e., pubic hair.
ἅψει: < ἅπτομαι, "lay a hand on" + genitive.

568. καὶ μὴν ἰδού: "Take that!"
Φιλίστη: First Woman's attendant slave.

569. πρόσθιγε μόνον: "Just touch (me)."

570. σησαμοῦνθ': < σησαμοῦς, -οῦντος, "sesame-cake."
κατέφαγες: < κατεσθίω.
χεσεῖν ποιήσω: "I'll make you shit." χεσεῖν = second aorist infinitive < χέζω.

572. ἐσπουδακυῖα: "in a hurry."
ὁμοῦ γενέσθαι: "(she) comes to be right on the spot."

573. αὐτῆς: "from her." For the genitive with πυνθάνομαι, see S 1361.
ἅττα = ἅτινα.

Enter a man identified as Clisthenes (see on 235) in 634. That he is not identified by name immediately suggests that the spectators could guess from his beardlessness, and perhaps also from other details of his mask, costume, and manner, who he was.

575. ἐπίδηλος: sc. εἰμί; "(I am) evident that I am" = "It is evident that I am..."
ταῖς γνάθοις: "by my (beardless) cheeks."

576. γυναικομανῶ: "I am woman-mad," i.e., he has a craze for women in every way and even imitates them sexually. Cf. Λακωνομανέω, Λακωνίζω.
προξενῶ ὑμῶν: "I am your proxenus," i.e., "I represent your interests." A proxenus was a local citizen who represented the official interests of a foreign community.

578. ὀλίγῳ τι πρότερον: literally, "somewhat before by a little," i.e., "a little before." For the pleonastic (redundant) construction, see S 1513-4, 3042.

583. ἕως ἄν: "as long as"; see S 2423b.

587. ἄττα: "as to what...," i.e., "to find out what..."

590. κἀπέτιλ᾽: < ἀποτίλλω.

591. ἐσκεύασεν: "got (him) up," i.e., "disguised."

592-3. Τίς...ἠλίθιος· sc. ἦν

593. ὅστις...ἠνείχετο; "that he endured..."; imperfect middle < ἀνέχω in a relative clause of result (S 2556). For the double augment, see S 451.

594. οὐκ οἴομαι (ἔ)γωγ(ε): sc. οὐδένα εἶναι κτλ.

596. (ἐ)πεπύσμην: < πυνθάνομαι.

597. δεινόν: predicative, "(as) something terrible." English prefers "This is a terrible thing which..." εἰσαγγελλία was a legal procedure for bringing accusations of wrongdoing directly to the Assembly for action.

598. ἐλινύειν ἐχρῆν: "We oughtn't to be doing nothing"; see on 74.

600. ἐγκαθήμενος: sc. ἐν ἡμῖν. See on 184.

601-2. τὴν...κἀκείνην: i.e., gratitude for helping to find him as well as for reporting his presence. ὡς ἄν + subjunctive in purpose clauses is not uncommon in Attic poetry.

603. φέρ᾽ ἰδώ: "Tell me," as often. He addresses First Woman. πρώτη: "(you) first," i.e., "starting with you." ποῖ τις τρέψεται: "where is one to turn," an aside. For the deliberative future, see S 1916.

604. ζητητέαι...ἔστε: "You have to be investigated."

605. ἤρου: < ἔρομαι. Κλεωνύμου: Cleonymus, like Clisthenes, was one of Aristophanes' favorite targets, in particular as a glutton and a coward.

609. τίτθη: "wet-nurse." διοίχομαι: "I'm done for."

610. αὕτη σύ: See on 224.
αὐτοῦ: adverb, "right here."

611. οὐρῆσαι: "to piss."

612. δ'οὖν: "all right," marking a reluctant concession.

615. ὦ μέλε: "my good man."

616. στραγγουριῶ: "I suffer from water retention."
κάρδαμα: "cress seeds," which were thought to attract water.

617. τί καρδαμίζεις: "What's this business about cress?"
Comic compounds in -ίζω are frequent ad hoc inventions taking their precise sense from the context.
οὐ βαδιεῖ: οὐ + the future in a question is often in effect a command (S 1918.)
ὡς: See on 488.

619. πυνθάνει: "are you asking about?"

620. τὸν δεῖνα: "what's-his-name"; see S 336, 1180.
Κοθωκιδῶν: Cothocidae was one of the political districts (demes) of Attica.

621. ὅς: In-law is interrupted before he can finish; translate: "who actually once (was involved with)..."

622. τὸν τοῦ: "the (son) of...," as often.

624. ὁσέτη γε: "*every year.*"
σούστί = σοί ἐστι.
συσκηνήτρια: "tent-mate." During the three days of the festival the women lived in tents.

627. ἐκ...πέρυσι: "on the sacred emblems of last year." The ἱερά were shown only to the initiates.
ἀπόστηθι: imperative < ἀφίστημι.

628. (ἐ)πακούῃς: "overhear."

630. φέρ' ἴδω: "Let me see"; see on 603 for another sense of this phrase.

τί μέντοι...ἦν: "what *was*...?"

631. προύπίνομεν = προεπίνομεν, "we were draining our cups in toasts."

633. σκάφιον: "bowl."
Ξένυλλ(α): a proper name.
ἤτησεν: < αἰτέω.
ἀμίς: "piss-pot."

637. κἄπειτ' = καὶ ἔπειτα. καί is intensive, as at 81.

638. χάλα: imperative < χαλάω.

639. καὶ στιβαρά τις... καὶ καρτερά: "both a solidly built type and strong." The feminine forms are sarcastic.

640. τίτθους: See on 143.

641. στεριφή: "barren," "sterile."
ἐκύησα: < κυέω, "become pregnant."

642. τότε: See on 13.

643. In-law tries to push his (costume) phallus between his legs for concealment.

644. διέκυψε: "ducked through (to the back)."
καὶ μάλ' εὔχρων: "actually with a very healthy color."
ὦ τάλαν: "venturesome thing!"

646. ἐγγεταυθί = ἐνταυθί + γέ.
μάλλά = μὴ ἀλλά, an elliptical expression: "Don't (say that) but..."; i.e., "Not so, rather..."

648. πυκνότερον Κορινθιῶν: "more often than the Corinthians (drag their ships)." The reference is to the δίολκος, used by the Corinthians to drag ships across the Isthmus, there being no canal there in antiquity.

649. μιαρός: See on 512.
ταῦτ' ἄρα: See on 168.

650. ἐλοιδορεῖτο: "he railed at" + dative.

651. εἰσεκύλισα: < εἰσκυλίνδω: "roll into," "tumble into."

653. οἰχήσεται: "be gone," "vanish."

654. πρυτάνεσιν: As the Council was to the Assembly (see on 79), so the πρυτάνεις ("presiding members") were to the Council. The Council's five hundred members were orgainized by tribe into ten groups of fifty, and each of these groups served as the "presiding members" during one-tenth of the year, the Council being chosen for an annual term; the current presiding members were always on duty and dealt, among other things, with sudden emergencies.

Exit Clisthenes.

655-88. Anapestic tetrameters (655-8) are followed by four trochaic tetrameters (659-62) and a dimeter/monometer sequence (663-6), then a lyric passage (667-86), and two more trochaic tetrameters (687-8). See Metrical Note.

655. ἀψαμένας: < ἅπτομαι, here, as often, "light," "kindle."

656. ξυζωσαμένας: See on 255. The chorus here hitch up their skirts for free movement.
τῶν... ἀποδύσας: "having stripped (ourselves) of our cloaks"; genitive of separation, by analogy with a verb of depriving (S 1394).

657. εἰ: "whether."
περιθρέξαι: rare first aorist < περιτρέχω.

658. πύκνα: < πνύξ, πυκνός, the Pnyx, a hill near the Acropolis, where the Assembly met.
πᾶσαν: predicative, as its position shows; "in its entirety."
διοδούς: "the alley ways" that ran between the women's tents.

659. εἶα δή: "Onward, then."

662. τὴν πρώτην: "first of all."
κύκλῳ: "all around," i.e., throughout the circular dancing place (the "orchestra") in the theatre.

663. εἰ: "(to see) whether."

ἐν τόποις ἑδραίοις: literally, "the places that provide seating," i.e., "the place of assembly."

665. ῥῖψον: < ῥίπτω.

667. ἀνόσια: "things contrary to divine law," i.e., in particular, attending the festival not open to men.

668. πρός: "in addition to," as often with the dative.

670. παράδειγμ(α): "an example of," i.e., "a warning against."

672. εἶναι: "exist."
τε: preparatory, "both," with φήσει; postponed for separation from δέ.

673. δείξει: δείκνυμι + dative + infinitive = "be a lesson to *x* to do *y*."

675-6. ἐφέπειν...νόμιμα: "to practice what divine law commands and human law ordains."

676. μηδομένους: "taking care."

677. καλῶς ἔχει: See on 105-6.

679. αὐτῶν: sc. ποιούντων ταῦτα.
λήφθη: < λαμβάνω.

682. εἴ τι δρῴη: "if he should do something," i.e., "in whatever he may do."

682-4. πᾶσιν...ἔσται...ὅτι: literally, "he shall be conspicuous for all to see that...," i.e., "it will be clear that..." For the personal construction, cf. 575.
γυναιξὶ καὶ βροτοῖς: a comic variation on the stock phrase "gods and mortals."

686. παραχρῆμ(α): "on the spot."
ἀποτίνεται: "makes pay," "punishes."

687. ἀλλ(ά): "Well."
διεσκέφθαι: < διασκοπέω.

689. In-law grabs a baby from one of the women and runs toward the sacrificial altar.
ᵌA: "Ho!"
οὗτος οὗτος: "Hey, hey."

690. καί: intensive.

691. φροῦδος: "away."

692. κέκραχθι: imperative. See on 222 and S 698.
ψωμιεῖς: < ψωμίζω, "feed with small bits of food," i.e., with baby food.

693. ἀφῆτ(ε): < ἀφίημι.
ἐπὶ τῶν μηρίων: "(held up) over the thigh pieces," i.e., pieces of the sacrificial animal on the altar to be burnt.

694. πληγέν...φοινίας φλέβας: "struck...in its veins (so as to make them) bleed. πληγέν = second aorist passive participle < πλήττω.

695. καθαιματώσει: "will drench with blood."

696. ἀρήξετ(ε): < ἀρήγω, "give aid."

697. προστρόπαιον: "in supplication (for vengeance)."

698. περιόψεσθ(ε): < περιοράω, "ignore," "pay no attention to."

699. ἔα ἔα: "Hey, hey!"

700-1. In lyric metres, as are 707-13 and 715-25; 702-6, 714, and 726-7 are trochaic tetrameters.

701. νεοχμὸν τέρας: "strange montrosity."

702. ὡς: exclamatory, "How."
ἅπαντ(α): sc. ἔργα τούτου.

704. οἷον = τοιοῦτον ὥστε.
ἐξαράξω: < ἐξαράσσω, = "knock x (accusative) out of y (genitive)."
ἄγαν: adverb used adjectivally, "excessive."

705. περαιτέρω: literally, "further," i.e., "worse (than terrible)."

706. ἔχει... (ἐ)ξαρπάσας: "he has snatched." ἔχω + aorist participle = perfect (S 599b, 1963).

709. κ(αὶ)...μέντοι γε: "Yes (γε), and furthermore."

710-2. ἀλλ' οὖν...ἔργον: "But all the same you will not, going back where you came from and easily running away (ἀποδράς = aorist participle < ἀποδιδράσκω), say what sort of deed having done you slipped away (διέδυς = second aorist < διαδύω)," i.e., he will not escape to boast of his success.

713. λήψει: future middle < λαμβάνω.

714. ἀπεύχομαι: "I pray (to the gods), no! (ἀπο-)."

716. ξύν: "in alliance with," repeating the συν- in σύμμαχος.

717. τήνδε: In-law takes the παιδίον (see 690) for a girl.
ἀφήσω: < ἀφίημι.

718. οὐ...οὐ: repetition for emphasis.

718-9. τάχ(α)...ἴσως: "perhaps," a frequent combination.
χαίρων: literally, "rejoicing," i.e., "with impunity."
ἐνυβριεῖς: < ἐνυβρίζω.

721. ἐπ(ὶ): "after," "on top of."

721-2: ⟨καὶ⟩ γάρ: "for the fact is that."
ἀνταμειψόμεσθαι: < ἀνταμείβομαι, "pay back," "punish."
ἀντί: "in return for."

723. δέ = γάρ. See GP 169.
μεταβαλοῦσ(α): "having turned round."

725. ἐπέχει: "prevails."

726. τάσδε: apparently referring to some attendant slaves.
τῶν ξυλῶν: "(some) of the wood"; partitive genitive.

727. πυρπολεῖν: "burn (him)."
ὅσον τάχος: "at once," a set phrase.

728. ἐπὶ τὰς κληματίδας: "to (get) the faggots."
Μανία: a characteristic name of a female slave.

729. σ(ε)...θυμάλωπα: "will make you into a flying spark."

730. σύ: the child; σὺ δέ often indicates a change of addressee.
Κρητικόν: The "Cretan" cloak was a kind of wrap-around garment.

732. αἰτιῶ: imperative < αἰτιάομαι, "blame *x* (accusative) for *y* (genitive)."

733. τουτί: i.e., the "child" he has been holding.

734. πλέως: nominative adjective, "full."
καὶ ταῦτα: "and at that."
Περσικάς: "Persian (booties)."

735. θερμόταται: both "hottest (and thirstiest)" and "rashest."
ποτίστα ται: a comic superlative formed from πότις; "drinkingest."

736. (ἐ)κ παντός: "in every circumstance."
πιεῖν: < πίνω.

737. καπήλοις: See on 347.
ἀγαθόν: "boon."

738. τοῖς...κρόκῃ: "for the crockery and the weaving (literally, 'woof thread')."

739. παράβαλλε: "set by (him)."

740. δῆτα: here = "do go ahead!"; addressed to Mania.
σύ: to First Woman; see on 730.

742. ἤνεγκον: "I carried," i.e., in pregnancy.
Ἄρτεμιν: invoked because she aided in childbirth.

743. τρικότυλον: a "three-cup (baby)."
πῶς: "of what size," an Attic idiom in asking definite measures."
ἠργάσω: < ἐργάζομαι, "do *x* (accusative) to *y* (accusative)."

744. ὠναίσχυντέ = ὦ ἀναίσχυντέ.

745. τυννοῦτον: "so tiny."

746. πόσ(α)...γέγονε: literally, "How many years has it been born," i.e., How old is it?"
χοᾶς: simultaneously referring to the capacity of wine-skin (nine quarts or twelve; see on 347) and to the Χόες ("Feast of the Wine-jugs"), which took place on the second day of the Anthesteria, a spring festival of the new wine honoring Dionysus. On this day, in addition to adult rites of revelry, small children were crowned with flowers (ἄνθη) and received little jugs and toys as presents. It is thus natural to measure a child's years by the number of "Wine-jug Days" he has seen.

747. σχεδὸν...Διονυσίων: "About so long, and as much as since the feast of Dionysus," three or four years and the eight months which have passed between the last Anthesteria and the present Thesmophoria (roughly March through October).

748. ἀπόδος: < ἀποδίδωμι.
τουτονί: "here," pointing to a statue of Apollo within view.

749. ἐμπρήσομεν: < ἐμπίμπρημι, "set on fire."
πάνυ γ᾽: "by all means."

750. ἀποσφαγήσεται: < ἀποσφάζω, "cut the throat of," "slaughter."
μάλ(α) αὐτίκα: "forthwith," a frequent pairing.

752. ὑπέρ γε τούτου: sc. τοῦ παιδίου; "instead of *this child*"; for the position of γε, see S 2823.

753. οὐδὲν ἧττον: "nonetheless."

754. σφαγεῖον: "sacrificial bowl."

755. λάβω: "catch."

756. ὕπεχ(ε): "hold (it) under."
χαριοῦμαι: < χαρίζομαι, "do as a favor."

757. ἀπόλοι(ο): < ἀπόλλυμι.

758. **δέρμα:** "hide," as if of a victim; actually the wineskin (ἀσκός, 733).
τῆς ἱερείας γίγνεται: "becomes the priestess's," i.e., her perquisite.

Enter Third Woman.

760. **ταλαντάτη:** superlative < τάλας.
Μίκα: apparently First Woman's name.
ἐξεκόρησε: a play on words since ἐκκορέω means "bring to ruin" (literally, "sweep clean away"), but also suggests "got your κορή from you."

761. **(ἐ)ξηράσατο:** < ἐξεράω, "evacuate," here, both the "child" of "blood" and the wineskin of wine.

762. **ἐπειδήπερ:** "inasmuch as," with a tone of authority.

763. **λαβοῦσα Κλεισθένη:** "having gotten hold of Clisthenes," to act as the women's official agent; see on 576.

Exit First Woman.

766. **ἐπίνοι(α):** "contrivance."
ὁ...αἴτιος: i.e., Euripides. μέν suggests a contrasting (δέ) clause left unstated e.g.: "but I am left to pay the penalty."

767. **εἰσκυλίσας:** See on 651.
τοιαυτί: "such as these."

768. **οὐ φαίνεταί πω:** "is not yet showing himself."
φέρε: See on 261.

769. **καὶ δή:** "aha!" marking that he has just got an idea.
πόρον: "way," "device."

770. **τοῦ Παλαμήδους:** "the *Palamedes*," a play by Euripides. Palamedes, one of the Greeks in the Trojan War, having been found guilty of treachery on planted evidence, was executed; his brother Oeax then proceeded to send a message to their father Nauplius by writing it on oar-blades (πλάτας) and floating them across the Aegean.
ἐκεῖνος: i.e., Oeax.

771. **γράφων:** "inscribing."

773. τί δ' ἄν, εἰ: "But what (would happen) if..."
ἀγάλματ(α): "offerings," but what they are is not certain
except that they are wooden (see 775); any acceptable offering
is an ἄγαλμα (literally, "thing to delight in").

775. ξύλον...ταῦτα: "These things also (καί) are *wood* (γε),
you know (τοι)."

776-84. Anapestic system (see Metrical Note).

777. ἐγχειρεῖν: infinitive for imperative (S 2013); "put (your)
hand to." The absurdity χεῖρες...ἐγχειρεῖν is intentional.

778. πινάκων... δέλτοι: "writing tablets (consisting) of
smoothed boards."

779. σμίλης: "knife," or "chisel."

781. τουτὶ... μοχθηρόν: "this (letter) rho is troublesome."
μοχθηρόν is bathetic after μόχθων.

782. χωρεῖ, χωρεῖ: literally, "it goes forward, it goes forward,"
i.e., "I'm getting it, I'm getting it."
ποίαν αὔλακα: literally, "What sort of scratch (am I
supposed to make here)?"; i.e., "How do I make the next
letter?" This is not so much a hint that In-law is illiterate as
an allusion to something in Euripides' drama, since Palamedes
was supposed to have invented the alphabet.

783-4. Addressed to the ἀγάλματα, which he tosses around.

784. κεῖνα ταύτα: "that way, this way." For the Doric forms,
see on 101-29. κεῖνος (= ἐκεῖνος) is a metrically convenient
form used in tragedy and tragic parody.
χρή: sc. "to go."

Exit Herald.

785-845. This is the "parabasis" of the play, in which the Chorus
speaks directly to the audience; however, it does not have all
the characteristic elements found in the parabases of earlier
plays, and the Chorus remains pretty much in character. See
Dover, pp. 49-53. Lines 785-813 are anapestic tetrameters
followed by an anapestic dimeter system (814-29); 830-45 are
trochaic tetrameters (see Metrical Note).

785. εὖ λέξωμεν: "let us praise."
παραβᾶσαι: aorist participle < παραβαίνω, "come forward," i.e., to address the spectators; the modern technical term "parabasis" derives from this use of the verb.

786. καίτοι: "and yet."
πᾶς τις: "everyone (male)."
ἀγορεύει = λέγει. For the construction, see on 85.

787. ἅπαντα: sc. κακά.

788. στάσις: "faction," i.e., the division of the citizens into potentially warring parties.

789. γαμεῖθ'= γαμεῖτε.

790. ἀπαγορεύετε...μήτ'...μήτ': "do you forbid (a woman) either...or..." The negative merely reiterates the negative idea in the verb (S 2739-40).
ἐκκύψασαν ἁλῶναι: "to get caught (< ἁλίσκομαι) poking her head out (< ἐκκύπτω)."

791. ἀλλ(ά): "but (despite what you say)..."
σπούδῃ: "seriousness."

792. γύναιον: diminutive, "the little woman."
αὐτό: τὸ γύναιον.

793. μανίας μαίνεσθ(ε): "fly into rages," a cognate accusative (S 1564, 1570c).
οὕς: "(you) who."
σπένδειν: "to pour out libations (in thanks)."

795. καταδάρθωμεν: < καταδαρθάνω, "fall asleep."
ἐν ἀλλοτρίων: "in the (houses) of people who are not members of the family." See on 83.
κοπιῶσαι: "getting worn out."

796. περὶ...περινοστῶν: "going round among the couches," i.e., among the guests. At Greek dinner parties the guests reclined.

797. θυρίδος: < θυρίς, "window."

798. αἰσχυνθεῖσ(α): "(a woman) embarrassed."
800. βελτίους = βελτίονες.
βάσανος: "test."
ἰδέσθαι: "to see (if this is so)."

801. πότεροι: "(to see) which of the two (sexes)."
χείρους = χείρονες.

802. ἀντιτιθῶμεν: sc. γυναῖκά τινα.
πρὸς ἕκαστον: sc. ἄνδρα.

804. Ναυσιμάχης…Χαρμῖνος: Charminus was an Athenian commander who suffered a naval defeat in the preceding winter (412/11). The name Nausimache, like Aristomache, Stratonike and Euboule below, is chosen for its sense and does not necessarily refer to a real person.
μέν: "to start with."
γ(ε): "certainly."
δέ = γάρ; see on 723.

805. καὶ μὲν δή: "and then," adding a further point.
καὶ Κλεοφῶν: "Cleophon as well," a popular politician, often attacked by Aristophanes.
Σαλαβακχοῦς: < Σαλαβακχώ, the name of a famous courtesan. The comparison suggests that Cleophon is pathic, but not up to the lady's standard as a purveyor of sex. For the declension of women's names in -ω, see S 279.

806. τὴν Μαραθῶνι: "the (one who was) at Marathon," i.e., at the great Athenian victory over the Persians in 490.

807. οὐδεὶς…ἐγχειρεῖ: "no one has even (οὐδέ) tried." For the present tense referring to past and present combined, see S 1885.
πολεμίζειν: "to compete."

808. Εὐβούλης: genitive of comparison.
τῶν πέρυσιν: sc. βουλευτῶν; see on 627.

809. παραδοὺς…βουλείαν: "after handing over his duties as member of the Council to another," a critical reference to the Council's surrender of authority to an emergency board created in 413.
οὐδ' αὐτός: "not even (a counsellor) himself."

811. οὐδ(έ): here, "nor."
ζεύγει: "with a yoked team," i.e., in a chariot.
κατὰ πεντήκοντα τάλαντα: "sums of fifty talents."
κατά + accusative with a number x = "in amounts of x," "by x's." The sum is a wild exaggeration, as it were, "billions."

812. πόλιν: probably "the Acropolis," as often.
τῶν δημοσίων: "(talents) belonging to the public treasury."
τὰ μέγισθ': "the greatest (amount she would ever steal)."
ὑφέληται: < ὑφαιρέω, "filch."

813. φορμόν: "basket."
ἀνταπέδωκεν: "she pays (him) back"; gnomic aorist (S 1931).

814. τούτων: "the spectators," to whom they point.

815. ταῦτα: "this," the theft of public money, mentioned in 811-2.

816-8. γάστριδας... κἀνδραποδιστάς: "being worse (μᾶλλον) pot-bellies, clothes-stealers, sponges, and slavers than we." For this type of comparison, see S 323.

819. τὰ πατρῷα: "their inheritance."

820. χείρους: + infinitive = "worse at," "less able to." See S 2001-2.

821. σῶν: < σῶς, "safe," "intact," with τ(ὸ) ἀντίον ("the loom bar") and to be supplied with the three following nouns.

822-3. ὁ κανών...σκιάδειον: "the weaver's rod, the (wool) baskets, the parasol."

825. ὁ κανών: here, "the (spear) shaft." There is probably also a phallic allusion.

826. ἐκ τῶν οἴκων: "from the household."
αὐτῇ λόγχῃ: literally, "with the very point," i.e., "point and all" (S 1525).

829. σκιάδειον: a surprise for ἀσπίς ("shield"), suggesting that the men used shields as parasols on other occasions but, in battle, discarded them and fled.

830-1. ἐν δίκῃ δικαίως: "rightly with every right," an emphatic pleonasm.
μεμψαίμεθ(α): μέμφομαι + dative + accusative = "find fault with *x* (dative) for *y* (accusative)."
ὑπερφυέστατον: "(that is) utterly monstrous."

833. ταξίαρχον: literally, "commander of a tribal company." The Athenians were divided into ten tribes, and each hoplite (fully-armed foot soldier) was assigned to a τάξις (company) by tribe.
στρατηγόν: "general," one of ten elected officials among whom top military commands were parcelled out.
λαμβάνειν: sc. αὐτήν as subject.

834. προεδρίαν: "a front seat."
Στηνίοισι καὶ Σκίροις: "at the Stenia and the Skira," festivals celebrated by women.

835. αἷσιν...ἤγομεν: "which we might celebrate"; αἷσιν by attraction for ἅς. The imperfect, being due to assimilation to χρῆν (832), does not here refer to past time.

837. τριήραρχον: A "trierarch" had the responsibility for outfitting and maintaining a war ship (τριήρης, "trireme").
κυβερνήτην: "pilot."

838. ὑστέραν: "farther back."
σκάφιον ἀποκεκαρμένην: "with her hair cut (< ἀποκείρω) in a bowl-cut," administered punitively or to show contempt. σκάφιον is an internal accusative of result (S 1579), retained when the accusative of object affected becomes the subject in passive voice.

839. τῆς...τεκούσης: genitive of comparison after ὑστέραν.
τῷ: interrogative, "By what consideration...?"

840. Ὑπερβόλου: Hyperbolus was a politician who had been ostracized (a form of exile) in 417 and was assassinated shortly after this production.
ἠμφιεσμένην λευκά: "wearing white (clothes)"; see on 92.

841. κόμας καθεῖσαν: literally, "having let her hair fall," i.e., "with long hair." καθεῖσαν = aorist active participle < καθίημι.
 πλησίον τῆς Λαμάχου: "near the (mother) of Lamachus." Lamachus was a military commander killed in action a few years before. For the genitive with adverb, see S 1700.

842. δανείζειν: "lend."

843. πράττοιτο: "charge," "exact."
 τόκον: here, "interest on a loan," preparing for the pun in 845.

845. ἀξία...τόκον: "*worthy indeed* of interest after having given birth to such an offspring."

846. ἰλλός: "squint-eyed."
 προσδοκῶν: "from being on the lookout," i.e., for Euripides.
 οὐδέπω: sc. πάρεστι (or the like).
847. δῆτ': adding urgency, as in 849.
 τοὐμποδών = τὸ ἐμποδών, "the in-the-way," i.e., "the obstacle."

847-8, οὐκ...οὐ: See on 404.
 ψυχρόν: See on 170.
 αἰσχύνεται: "he is ashamed of."

849. τῷ...δράματι: interrogative.
 προσαγαγοίμην: < προσάγω, "entice."

850. καινήν: "recent." Euripides' tragedy *Helen* was staged in the preceding year.
 μιμήσομαι: "I will perform," "do."

851. πάντως: "at all events."

852. κυρκανᾷς: See on 429.
 κοικύλλεις: "are you gaping."
 ἔχων: See on 473.

853. πικρὰν...τάχ(α): "you will soon see a bitter Helen," i.e., one he will rue. She threatens him with a torch of reeds called ἑλένη or ἑλάνη.

853-4. κοσμίως ἕξεις: See on 105-6.

855-924. These lines include a parody of Euripides' *Helen*, in which In-law plays Helen and Euripides himself plays Menelaus. The plot is that Helen had never been in Troy, a magic duplicate having been created to fool everyone, but in fact has been in Egypt, where Menelaus, after the war, finds and rescues her. The parody is effected partly by quotations, partly by tragic diction.

855-6. = *Helen* 1-2.

855. αἵδε: "These (are)."
καλλιπάρθενοι ῥοαί: "fair maiden currents," perhaps because the Nile was believed to originate in Ethiopian snows, untouched by further tributaries or rains.

856. δίας ψακάδος: "heavenly rain."

856-7. Αἰγύπτου...λευκῆς: "of bright Egypt," referring to its cloudless, sun-filled atmosphere. Αἴγυπτος is feminine.

857. μελανοσυρμαῖον λεών: "a dark-skinned, laxative-addicted, people." The phrase stands in loose apposition to πέδον κτλ. Contemporary Egyptians do seem to have been interested in laxatives.

858. φωσφόρον: "torch-bearer," a stock epither of Hecate, who is similarly invoked at *Helen* 569.

859-60. An almost verbatim quotation of *Helen* 16-7.

860. ὤλεθρε = ὢ ὄλεθρε, "you disaster."

861. ἐκεῖνος: "that (well known person)," as often.
Φρυνώνδας: a proverbial villain.
μὲν οὖν: See on 206.

862. Ἑλένη δ' ἐκλήθην = *Helen* 22.

863. γυναικίσεως: "female impersonation."

864-5. = *Helen* 52-3.
ὤφελες...γε: "Would that you (had died too)"; cf. on 217.

868. τί...ζῶ: cf. *Helen* 55.
τῶν...πονηρίᾳ: "because of the poor performance of the ravens," i.e., because they should have begun eating him already.

Enter Euripides disguised as Menelaus.

869. ὥσπερ: "as it were," apologizing for the metaphor.
αἰκάλλει: "plays the fawning dog to."

870. μὴ ψεῦσον: "Do not cheat (me)," a Sophoclean phrase containing a rare variant from the normal μὴ ψεύσῃς (S 1840).

871. = *Helen* 68.
ἐρυμνῶν: "fortified."
ἔχει κράτος = κρατεῖ (+ genitive).

872. δέξαιτο: potential optative without ἄν (S 2552).
σάλῳ: "the surge."

873. καμόντος: < κάμνω.
ναυαγίαις: "shipwrecks."

874. Πρωτέως: In Homer (*Odyssey* 4) a sea god, Proteus was later described as a king of Egypt, as here.
ποίου Πρωτέως: "What Proteus!" i.e., "Proteus, nonsense!"

876. Πρωτέας: a farcical mistake; perhaps a reference to Proteas the Athenian commander twice mentioned by Thucydides (I 14.2; II 22.2).

877. εἰσεκέλσαμεν: < εἰσκέλλω, "put into," in a nautical sense.
σκάφει: < σκάφος: "hull," i.e., "ship."

878. ὦ...πεπλώκαμεν: "Unfortunate (am I because of the place) to which..." πεπλώκαμεν = πεπλεύκαμεν, i.e., πλώω = πλέω.

879. πείθει: second person singular.

880. Θεσμοφορεῖον: See on 277-8.
τουτογί = τοῦτο γε + deictic ι; "*this* place *here*."

881. (ἐ)ξώπιος: literally, "out of sight of," here = ἔξω, apparently a Euripidean use.

882. ναυτιᾷς: "you are seasick."

883. ὅστις: See on 544.

885. τάφῳ: "with funeral rites."

886. σῆμ(α): "marker," i.e., "tomb."
ἐφ᾽ ᾧ: "at which."

889. δαί: "then," marking advance to the next logical question.
θάσσεις...ἕδρας: "do you sit these sepulchral settings," a parody of tragic diction.

890. φάρει: "by a shroud (φάρος)."

891. Πρωτέως παιδί: In the *Helen*, Proteus' son Theoclymenus is pressing Helen to marry him when Menelaus arrives in Egypt.
συμμεῖξαι: "to mingle"; here, "to share." The word is often used of sexual coupling.

894. ὡς: See on 488.
χρυσίου: "gold jewelry," a lie to avoid mentioning the conspiracy against Euripides.

895. βάϋζε: "Yap away!" Cf. 173.
τοὐμον σῶμα = ἐμέ.
βάλλουσα: "pelting."

896. κακορροθοῦσα: "railing at."

898. εἰ μὴ...γε: "(I am no one) if I am not...," i.e., "I am none other than..."
Γαργηττόθεν: "from (the deme) Gargettus." For demes, see on 620.

899. σὺ δ(έ): addressed to In-law; see on 730.

900. γαμοῦμαι: the middle of this verb is regular with female subjects.
κασιγνήτῳ: "brother," i.e., Theoclymenus.

902 ἀνταυγεῖς κόρας: "your pupils (so as to be) gazing-back-in-return." For this proleptic use of adjectives, see S 1579.

903 αἰσχύνομαί σε: "I am embarrassed in your presence."
τὰς γνάθους ὑβρισμένη: an incongruous reference back to the action at 215ff. The pariciple is causal.

904 τις: "a sort of" (S 1267).

906. = *Helen* 558.
αὐτός = ὁ αὐτός.
λόγος: "train of thought."

907. (ἐ)πιχωρία: "native (to this place)."

908. τὸ σόν: "your situation."

908-9. = *Helen* 562-3.
εἶδον: "I can't help seeing." The aorist is "dramatic"; see S 1937.

910. σ(ε): sc. ὄντα ὁμοῖον δὴ μάλιστα εἶδον.
ὅσα γ(ε)...τιφύων: "in so far, at least, as (I can see) from your squills." The autumnal squill, a plant with some resemblance to the onion, is here a metaphor for male genitals, chosen partly for the jingling variation from *Helen* 564: ἐγὼ δὲ Μενέλεῷ γε σέ· οὐδ' ἔχω τί φῶ.

911-2. = *Helen* 565-6 (with ἄρ' replacing γάρ).
ἔγνως: "you have recognized."
χρόνιος: "after a long time."
χέρας = χεῖρας, here, as often, "arms."

913-5. In lyric meters.

914. περίβαλε: sc. μοι.

915. κύσω: hortatory subjunctive < κυνέω, "kiss."

916. κλαύσετ(αι): < κλαίω, "weep," i.e., "be sorry"; cf. on 248.

918. γυναῖκα: object of ἄγειν in 919.

920. οἴμ(οι).

921. ἐτός: adverb, "for nothing," "without a purpose."
πάλαι: "for a long time."

922. ἠγυπτιάζετ(ε): "were you going on about Egypt."

Enter Prytanis accompanied by Archer.

923. τοξότης: an archer, one of the state-owned slaves, armed with bow, arrows, and whip, used to perform certain police functions.

924. ἀλλ(ά): "(I would like to stay) but."
ὑπαποκινητέον: literally, "(it is) to be quietly moved off (by me)," i.e., "I must move quietly off." For the construction, see S 933b, 944b, 1488.

926. ἤνπερ ἔμπνεω: "If I am really breathing," i.e., "if I am still alive." See GP 487-8.

Exit Euripides/Menelaus.

928. ἡ μήρινθος: "fishing-line," i.e., "cast."

930. τί κύπτεις: "Why are you bending over?" In-law is apparently crouching over as if about to slip away unnoticed.
δῆσον: < δέω, "bind."
εἰσάγων: The binding is to be done inside (εἰσ-), i.e., offstage.

931. σανίδι: < σανίς, "plank," used, not unlike the cross, to execute criminals by suspension.

931. ἐνθαδί: i.e, "on-stage."

932. στήσας: "having set (him) upright (on the plank)."

933. μάστιγ(α): "whip."

934. ὡς: "(that's a good idea) because."

935. ὀλίγου: "almost" (S 1399).
ἀφείλετ(ε): ἀφαιρέω + 2 accusatives = "take *x* from *y*."
ἱστιορράφος: "sail-maker," appropriate to Euripides' role as a sailor but also suggesting "plotter," since ῥάπτω ("stitch") can mean "craftily contrive."

936. πρὸς τῆς δεξιᾶς: "By your right (hand I beg)." The suppliant's appeal usually involves touching knees and/or chin. In-law's substitution of the right hand is sarcastic.

936-7. ἥνπερ...διδῷ: perhaps an aside to the audience. φιλεῖς = "you are wont to," as often with complementary infinitive; κοίλην = "hollowed," i.e., "cupped."

938. χάρισαι: aorist middle imperative. For the sense, see on 756.

939. γυμνόν: predicative.

941. κροκωτοῖς καὶ μίτραις: See on 137-8 and 163.

942. ἑστιῶν: "providing a banquet for," i.e., "being eaten by."

944. παριοῦσι: < πάρειμι; "to the passers by."
δῆλος ἧς: See on 575.

945. ἰατταταιάξ: "Eeyow!"
κροκώθ' = κροκωτέ.

Exit Prytanis, Archer leading In-law, and Third Woman.

947-52. Anapestic system: two tetrameters followed by dimeters (see Metrical Note). 953-1000 are lyric metres.

947. παίσωμεν...νόμος: "let us dance (the dance) which (it is) the custom (to dance)"; παίζω ("play") is often applied to joyous dances.

948. ὄργια: here, "cult objects," i.e., the ἱερά referred to in 628-9.
ἀνέχωμεν: "lift up," "exalt."

948-9. ἅπερ...νηστεύει: "the very ones that Pauson also reveres and honors by fasting." The women at the Thesmophoria fasted willingly for a day as a part of the cult; Aristophanes mocks Pauson who seems to have fasted unwillingly from time to time because of his poverty.

950-2. αὐτοῖν...ἑαυτῷ: "from one festival season to the next joining in prayer to them that such (rites) be often in his thoughts." For the present infinitive with εὔχομαι, see S 1869 and 1992c.

953-4. ὅρμα...κοῦφα: "start, go light (steps)."

958. κυκλοῦσαν ὅμμα: i.e., "looking around;" sc. πᾶσαν as subject of the infinitive.
κατάστασιν: "arrangement."

961. μέλπε: "celebrate in song and dance."

967. ὡς...καινόν: "as for some new work in turn," i.e., "so as to proceed in turn to some new part of my performance."

968. εὐφυᾶ = εὐφυῆ, "apt," "graceful."
στῆσαι: "to bring to a halt," as often.

969. Εὐλύραν: < εὐλύρας = εὔλυρος, an epithet of Apollo.

972. 'Εκάεργε: another epithet of Apollo, thought in antiquity to mean "worker from afar," i.e., as archer.

973. τελείαν: "the fulfiller," as goddess of marriage.

976. κλῇδας: < κλείς, "key."

977. νόμιον: "(god) of pasture."
ἄντομαι: "I beg."

979. ἐπιγελάσαι: "to smile upon."

980. χαρέντα: second aorist passive with active sense < χαίρω. The participle agrees with 'Ερμῆν as the most important of the nouns to which it applies.

984. πάντως: "anyway," "for all that."

985. πάλλ(ε), ἀνάστρεφ(ε): "leap, return."

986. τόρνευε: here, "round off"; see on 54.

988. κισσοφόρε Βακχεῖε δέσποτ(α): i.e., Dionysus, whose traditional ivy (κισσός) garland signified his power as god of vegetation; see 999-1000.
   κώμοις: See on 104.

991. Βρόμιε: "Roarer," a common epithet of Dionysus.

992. Νυμφᾶν = Νυμφῶν.

994. εὔιον: "Bacchic," a two ending adjective modifying ⟨χορείαν⟩.
   εὐοῖ: a cry of Bacchants in honor of Dionysus.

995. ἀμφί: adverb, "around," "all around."

996. Κιθαιρώνιος: adjective modifying ἠχώ. Mt. Cithaeron in Boeotia was associated with the worship of Dionysus.

997. ὄρη: "mountains."

Re-enter Archer and In-law, the latter now fastened to a plank, and so probably carried in and set up by supernumeraries. Archer speaks in a kind of broken Attic characterized especially by the loss of aspiration, including the replacement of χ, φ, and θ by κ, π, and τ, and by some confusion in final syllables.

1001. ἐνταῦτα... οἰμῶξι... αἰθρίαν: i.e., ἐνταῦθα... οἰμώξει...αἰθρίαν.

1002. ἰκετεῦσι: i.e., ἰκετεύσῃς.

1003. τὸν ἧλον: In-law is apparently held up to the plank by clamps fastened with nails.
   ἀλλά: "(not that), but (rather)..."
   δρᾶσ᾽ = δρᾶσι, i.e., δράσω.

1004. ἐπικρούεις: "you are knocking (it) in."

1005. μᾶλλο βοῦλι σ᾽: i.e., μᾶλλον βούλει σύ.

1006. σῖγα: adverb with imperatival force, "be silent."

1007. πέρ(ι): i.e., φέρε, "Come!"
(ἐ)ξενέγκι: i.e., ἐξενέγκω: hortatory subjunctive.
πορμός: i.e., φορμόν, "mat," which Archer plans to recline
on; cf. on 813 for another sense.
πυλάξι σοι: i.e., φυλάξι σε.

Archer departs to get the mat.

1008. ταυτὶ...Εὐριπίδου: literally, "I have got this best out of
Euripides," i.e., "this is the best I have got out of Euripides."
ἀπολαύω = "reap benefit x (accusative) from y (genitive)."

Euripides, suspended from a crane (μηχανή) used to simulate
flying arrivals, is briefly swung into view. He is disguised as
Perseus, a mythological hero, who, equipped with winged
sandals lent by Hermes, was flying nearby when he saw
Andromeda in distress and came to her rescue. Her father
Cepheus had chained her to a rock to be devoured by a sea
monster in the hope of thus appeasing Poseidon. Poseidon
was angry on behalf of the Nereids, whom Andromeda's
mother Cassiopea had insulted by the claim that she was
more beautiful than they; and so he had sent the monster to
ravage Cepheus' kingdom, Ethiopia. Euripides had dramatized
this story in his no longer extant *Andromeda*, produced the
previous year. After his momentary appearance, Euripides is
deposited once again behind the stage building.

1009. ἔα: here, "Aha!"; cf. on 699.
θεοί: vocative.

1010. ἔοικεν: with personal subject + future infinitive = "is
likely to."

1011. Περσεύς: predicative, "as Perseus."
ἐκδραμών: < ἐκτρέχω. Probably Euripides/Perseus
moves his legs as though he were "running" through the air
with the aid of the winged sandals.

1012. πάντως: See on 851.

1014. γάρ: "for (otherwise)."
παρέπτατο: second aorist < παραπέτομαι, "fly by" or
"fly in."

1015-55. Lyric Metres. At times using Andromeda's exact words, at times an adaptation of them, and at times again interpolating sentiments entirely his own, In-law gives his own version of the monody (solo) sung by the heroine of Euripides' play.

1015. παρθένοι: In the *Andromeda* the heroine addressed a chorus of maidens.

1016-7. See on 22-3.

1019. Andromeda had addressed the nymph Echo.
τάν = τήν.

1020-1. ὡς τὴν γυναῖκα: "to my wife," i.e., he wants to go home.

1024. γραῖαν: i.e., Third Woman, who had been left to guard In-law.

1025. σαπράν: "decrepit."

1027. πάλαι ἐφεστώς: "standing (guard) over (me) for some time." The senses of πάλαι vary from "just now" to "long ago" and must be determined from the context.

1028. δεῖπνον: See on 942.

1029. χοροῖσιν: local dative, "at dances."

1030. ὑφ': here, apparently, "(accompanied) by."

1031. κημὸν... ἔχουσ(α): literally, "holding the funnel (of a voting urn)," which protected the secrecy of the juryman's vote. Colloquially it seems to mean "secret ballot." The point is the unexpectedness of the words, and there is probably a play on the sound of what Andromeda had said, for which "κῶμον... ἄγουσ(α)" has been conjectured, i.e., "participating in a revel."

1032. πυκνοῖς: "tight."
ἐμπεπλεγμένη: < ἐμπλέκω.

1033. κήτει: < κῆτος, "sea-monster," at once jokingly identified as Glaucetes, a notorious gourmand. Perhaps the identification owes something to Glaucetes' reputed passion for fish.

πρόκειμαι: "I have been set out"; the forms of κεῖμαι often serve as perfect passives of τίθημι.

1034-5. Γαμηλίῳ...παιῶνι: "marriage hymn."
δεσμίῳ: "binding (hymn)," i.e., a hymn which ironically "celebrates" her binding.

1037. μέλεος: may be feminine since μέλεος can be used as a two-ending adjective. τάλας below in 1038 must be masculine.

1039. ἄλλ(α): "besides" (S 1272).

1040. φῶτα: < φώς, "man." Andromeda would mean Cepheus; In-law is thinking of Euripides.
λιτομένα = λιτομένη. See on 313.

1041. 'Αίδα...φλέγουσα: "blazing with a Death wail." 'Αίδα = Doric genitive singular < 'Αίδας, "Hades" (S 214 D 5).
γόον = internal accusative. φλέγω used metaphorically of sound is common in Greek poets.

1044. κροκόεντ(α): sc. χιτῶνα.
ἀμφέδυσεν: < ἀμφιδύω, + 2 accusatives = "to wrap x around y."

1045. ἐπὶ...τοῖσδε: sc. "after this..."

1045-6. τόδ(ε)...ἱερόν: "to"; terminal accusative (S 1588).

1046. ἔνθα γυναῖκες: sc. εἰσί.

1047. ἰώ...μοίρας: "alas for the lot..."; genitive of cause (S 1407).
δαίμων = an individual's fortune personified.

1049. ἀμέγαρτον: predicative, "(as) unenviable."
ἐπί: here, "in view of."

1050. πυρφόρος αἰθέρος ἀστήρ: i.e., a lightning-bolt.

1051. τὸν βάρβαρον: actually, Andromeda was a βάρβαρος (i.e., a non-Greek), but she is not likely to have mentioned it

1051. τὸν βάρβαρον: actually, Andromeda was a βάρβαρος (i.e., a non-Greek), but she is not likely to have mentioned it in this context. Aristophanes has probably substituted τὸν βάρβαρον for something else, perhaps τὴν δύσμορον.

1052. ἀθανάταν φλόγα: i.e., the sun.

1054. λαιμότμητ(α)...δαιμονῶν: "afflicted by the gods with throat-cutting griefs." ἄχη = internal accusative after δαιμονῶν (《 δαιμονάω). λαιμότμητ(α) perhaps refers back to the clamp that binds In-law's neck to the plank, but Euripides does seem to have a fondness for "cut-throat" compounds.

1054-5. αἰόλαν...πορείαν: "For a changeful course to the dead."
νέκυσιν: local dative of place whither (S 1531b).

Remaining behind the stage building, Euripides plays the part of the nymph Echo, who could only repeat a cry she had just heard. This was a punishment from Hera, because she had tricked the goddess out of an opportunity to avenge herself on other nymphs with whom Zeus had intrigued erotically. Euripides had introduced Echo into the story of Andromeda by locating her in a cave where Andromeda was exposed.

1059. ἀντῳδὸς ἐπικοκκάστρια: "mocker (feminine) that sings in response."

1061. Εὐριπίδη...ξυνηγωνιζόμην: "helped Euripides in the contest," i.e., at the festival of Dionysus.

1063. ἐπικλάειν: "to wail in response," i.e., "to echo (my) wailing."

1064. ἄρχου: < ἄρχομαι, "begin" + genitive.

1065-97. Anapestic dimeter system (see Metrical Note).

1066. ὡς...διώκεις: "how long a chariot course you drive." ἵππευμα is internal object.

1067. νῶτα: "over the surface (literally, "back"); accusative of space traversed (S 1581).
διφρεύουσ(α): "driving your chariot."

1069. Ὀλύμπου: here, "the sky," as often, even in Homer.

1070. περίαλλα: adverb, "more than others."

1071. ἐξέλαχον: < ἐκλαγχάνω.

1072. Θανάτου τλήμων: "unhappy in my death"; genitive of cause (S 1435).

1073. ὦ γραῦ: addressed to Euripides as Echo. στωμυλλομένη: "jabbering."

1075. ὀχληρά: feminine, "bothersome." εἰσήρρηκας: < εἰσέρρω, "enter."

1077. Ὠγάθ' = ὦ ἀγαθέ, "my good man." The masculine adjective fits Euripides rather than Echo.

1078. χαριεῖ: See on 756.

1079. βάλλ' ἐς κόρακας: "Throw (yourself) to the ravens," i.e., "Go jump off a cliff and let the birds pick your bones."

1080. τί κακόν: "What (is your) trouble?"

Archer reappears.

1083. τί λαλεῖς: Archer addresses In-law.

1084. καλέσω: alternative future for καλέω.

1085. σί: i.e., σύ, addressed to In-law.

1086. πῶτε τὸ πωνή: i.e., πόθεν ἡ φωνή, "Where's the voice (coming) from?" Archer mixes up genders.

1088. κλαύσ': i.e., κλαύσει; see on 916.

1089. κἀγκάσκι ⟨σί⟩ μοι: i.e., καὶ ἐγχάσκεις σύ μοι, "Are you actually sticking your tongue out (literally, "opening your mouth") at me?"

1090-97. Archer is confused by the voice of Euripides/Echo, whom he does not see, and the confusion is compounded when In-law says that the unseen woman is getting away.

1092. (ἐ)στ' ἡ: i.e., (ἐ)σθ' ἡ.

1093. πεύγεις: i.e., φεύγεις.

1094. οὐ καιρήσεις, οὐκ αἱρήσεις: i.e., οὐ χαιρήσεις ("You won't get away with it"; see on 718-9), οὐχ αἱρήσεις ("You won't catch me."). The early written texts did not have spacing to show the beginning and endings of words, but Aristophanes probably intended the pun.

1095. ἔτι... γρύζεις: "What? Do you still make a peep?"; in questions, γάρ often indicates surprise.

1096. λαβέ: addressed to anyone in the vicinity.
τὴ μιαρά: i.e., τὴν μιαράν.

1097. λάλο... γύναικο: i.e., λάλον καὶ κατάρατον γυναῖκα.

Euripides, still disguised as Perseus, returns on the μηχανή and lands.

1099. πεδίλῳ: "sandal"; see note on Euripides' entry after 1008.

1100. πόδα...ὑπόπτερον: i.e., "I land."

1101. ναυστολῶν: "voyaging"; marine metaphors for flight are common in Greek poetry.
Γοργόνος: Perseus would be carrying the severed head of Medusa, one of the three Gorgons, mythological monsters who were sisters. King Polydectes, being in love with Perseus' mother Danae, had sent Perseus to cut off the head and bring it back, hoping that he would be rid of him; but the hero succeeded with the help of Hermes and Athena.

1102-3. τί... κεπαλή: i.e., τί λέγεις; Γόργονος φέρεις τοῦ γραμματέως σὺ τὴν κεφαλήν; Archer confuses the monster Γοργών with a contemporary "recording secretary" (γραμματεύς) bearing a name that differs only in accent, Γόργων.

1104. Γόργο...λέγι: i.e., Γόργονός τοι καὶ ἐγὼ λέγω.

1105. ἔα: See on 1009.
ὄχθον: "cliff," "rocky shore."

1106. ὅπως: here = ὡς, "in the manner of," following, as often,
the name of that to which a comparison is made.
ὡρμισμένην: "moored (to the rocky shore)," modifying
παρθένον.

1108. οὐκὶ μὴ λαλῆσι: i.e., οὐχὶ μὴ λαλήσεις, "Don't
chatter." See S 2756.

1109. κατάρατο: i.e., κατάρατε.
ἀποτανουμένη: i.e., ἀποθανουμένη.
λαλεῖς: i.e., λαλεῖν.

1111. παρτέν': i.e., παρθένος.
ἁμαρτωλή: i.e., ἁμαρτωλός, "deviant."

1112. κλέπτο...πανοῦργο: i.e., κλέπτης...πανοῦργος.

1114. τὸ κύστο: i.e., τὸν κύσθον, "cunt." Archer sarcastically
points to the costume phallus that In-law wears.
μικκὸν παίνεται: i.e., μικρὸς φαίνεται.

1115. φέρε: See on 234.
ἅψωμαι: < ἅπτομαι, "clasp."

1116. νοσήματα: here, "passions," as often.

1117. κόρης: object genitive with ἔρως in 1118, i.e., "desire
for..."

1118. εἴληφεν: < λαμβάνω.
ζηλῶσι: i.e., ζηλώσω.

1119. τὸ πρωκτό: i.e., ὁ πρωκτός, "his arse."
δεῦρο περιεστραμμένον: "(were) turned around in this
direction," i.e., if he were not fastened with his back to the
plank.

1120. οὐκ...ἄγων: i.e., οὐκ ἐφθόνησ' ἄν σοι αὐτὸν πυγίσαι
ἄγοντι; "I wouldn't begrudge you (the chance) to take him off
and bugger him."

1123. **εἰ...πυγίσο**: i.e., εἰ σφόδρα ἐπιθυμεῖς τὸν γέροντα πυγίσαι.

1124. **τῆ σανίδο**: i.e., τὴν σανίδα.
τρήσας: < τετραίνω, "drill a hole in"; see on 18.
ἐξόπιστο: i.e., ἐξόπισθεν.
πρώκτισον = πύγισον.

1125. **μαστιγῶσ'**: i.e., μαστιγώσω, "I will give you a lashing"; cf. 933.

1126. **καὶ μήν**: "Nevertheless."

1126-7. **τὸ κεπαλὴ...τουτοί**: i.e., τὴν κεφαλὴν σ' ἄρα τῷ ξιφομαχαίρᾳ ἀποκεκόψω ταυτηΐ. ἀποκεκόψω is a rare future perfect < ἀποκόπτω.

1128. **πρὸς...λόγους**: "To what arguments am I to be twisted," i.e., "What arguments am I to torture myself to produce." στρεφθῶ = aorist passive subjunctive < στρέφω.

1129. **ἀλλ(ά)**: "But (it's useless since)..."
ἐνδέξαιτο: sc. τοὺς ἐμοὺς λόγους.

1130. **σκαιοῖσι**: "left (-handed) ones," i.e., "dullards"; cf. δέξιος, "clever."
προσφέρων: "using x (accusative) on y (dative)."

1132. **προσοιστέον**: here = χρὴ προσφέρειν; see S 2152.

Exit Euripides.

1133. **οἷον**: exclamatory, "how."
ἐπιτήκιζε: i.e., ἐπιθήκιζε < πιθηκίζω, "play the monkey," "play tricks."

1135. **ἔτι γάρ**: See on 1095.
τῆ μάστιγαν: i.e., τὴν μάστιγα.

Archer puts his mat on a bench, stretches out, and falls asleep.

1136-59. Lyric metres.

1136. **Παλλάδα**: Pallas Athene.

1139. ἄζυγα: < ἄζυξ, "unyoked," i.e., "unmarried."
κούρην = κόρην.

1140. ἔχει: here, "protects," as often of cities' patron deities.

1141. κράτος φανερόν: here, apparently, "manifest sovereign."

1142. κληδοῦχος: "holder of the keys."

1143. φάνηθ(ι): aorist passive imperative < φαίνω.

1145. δῆμος: See on 335.

1146. μόλοις: second aorist < βλώσκω, "come."

1147. φιλέορτον: "festive."

1148-59. Addressed to Demeter and Phersephatta (Persephone).

1149. ἄλσος: "(sacred) grove," "precinct."

1150-4. ἀνδράσιν...φαίνετον: i.e., ἵνα λάμπασι φαίνετον
ὄργια σεμνὰ θεοῖν, οὐ θέμιτα ἄνδρασι εἰσορᾶν. ἵνα =
"where." φαίνετον = "you illumine (dual)."

1156. Θεσμοφόρω πολυποτνία: "much-revered goddesses of
the Thesmophoria"; dual.

1157. ἐπηκόω: dual < ἐπήκοος, "giving ear."

1158-9. ἀφίκεσθον: aorist middle imperative dual < ἀφικνέομαι.

Enter Euripides, once again as himself, accompanied by a
Dancing Girl and a Boy Piper. The boy has both an αὐλός, a
word which denotes a reeded instrument and may be rendered
"pipe," and a small harp. Someone, perhaps the girl, is
carrying a woman's outer wrap.

1160. τὸν λοιπὸν χρόνον: "for the future."

1161. σπονδὰς ποιήσασθαι: "to make a treaty."
πάρα = impersonal πάρεστι ("it is permitted"), as the
accent shows (S 175b).

1162. ἐφ' ὧτ(ε): + infinitive = "with the stipulation that...";
see S 2279.
ἀκοῦσαι μηδὲν...κακόν: sc. ὑμᾶς as subject. For the
idiom, see on 388.
μηδαμά = μηδαμῶς, "in any way." For the reinforcing
negative, see on 10.

1163. ἐπικηρυκεύομαι: "I formally offer by way of terms,"
language from international relations; cf. on 336.

1164. χρείᾳ δὲ ποίᾳ: "To what sort of request...," i.e., they
ask what he wants in return.
ἐπεισφέρεις: "do you append."

1165. οὖν = ὁ ἐν.

1166. κομίσωμαι: "get back," "recover."

1166-7. οὐδὲν...ἀκούσητ': See S 2754-5 for the use of οὐ μή +
subjunctive in strong denials. κακῶς ἀκούω = κακὰ
ἀκούω.

1168. ὑποικουρεῖτε: "you are doing covertly (ὑπ-) at home (-
οικου-).

1169. παροῦσιν: dative participle < πάρειμι, which here, as
often, has the sense, "to have arrived."
ὑμῶν: Construe with ἀνδράσιν in 1168.
διαβαλῶ: "I will bring into discredit with" + dative; cf.
390 and 411.

1170. τὰ...πεπεισμένα: "Know that what rests with us has
been convincingly argued by you (dative of agent)," i.e., "rest
assured, that for our part, we are persuaded."

Euripides exchanges his himation for a woman's wrap, and he
takes the harp from the piper, who needs both hands to play.

1172. σόν: "yours (is)."
ὦλάφιον = ὦ Ἐλάφιον, "Fawn," the name of the dancing
girl.

1174. δίελθε κἀνακάλπασον: "go across and trot back."
The verb ἀνακαλπάζω implies that she is to attract
Archer's attention with a hip-swinging, horsey gait.

1175. **Τερηδών**: the name of the young piper Euripides has brought with him.
ἐπαναφύσα: imperative, "blow on your pipe in accompaniment."
Περσικόν: "a Persian (dance tune)."

Archer wakes up and sits on the side of the bench with his legs on the ground.

1176. **τὸ βόμβο τοῦτο**: i.e., ὁ βόμβος οὗτος, "this droning," the sound of the pipe.
κῶμό...μοι: i.e., κῶμός τις ἀνεγείρει με.

1177. **προμελετᾶν**: "to rehearse."

1179. **ὀρκῆ σὶ καὶ μελέτη σί**: i.e., ὀρχοῦ σὺ καὶ μελέτα σύ.
κωλῦσ': i.e., κωλύσω.

1180. **ἐλαπρός**: i.e., ἐλαφρά, "nimble."
ψύλλο...κῴδιο: i.e., ψύλλα κατὰ τὸ κῴδιον, "a flea all over a fleece."

1181. **θοἰμάτιον**: See on 214.
ἄνω (ἐ)πιθές: "put on top," i.e., on the Archer's knees, where she is to sit, as 1182 shows.

1183. **ὑπολύσω**: "undo (your shoes)," a common use of this verb.

1183-4. **ναίκι**: i.e., ναίχι = ναί.

1184. **κάτησο**: i.e., κάθησο, imperative < κάθημαι.
τυγάτριον: i.e., θυγάτριον, diminutive < θυγατήρ, here, "sweety."

Fawn sits on Archer's knees with her back to him and extends her legs for Euripides to undo her shoes. Archer reaches around and feels her breasts.

1185. **οἴμ(οι)**: here, "Wow!"
ὡς... γογγυλί: i.e., ὡς στέριφον ("firm") τὸ τιτθίον ὥσπερ γογγυλίς ("turnip").

1186. Addressed to the piper.

θᾶττον: comparative with positive sense; here, "Hurry up and pipe (αὔλει) you."

1187. κλαῦσι...μένης: "You'll be sorry (i.e., κλαύσει) if you don't stay covered up (ἔνδον)!" Σ, followed by most commentators, takes this as addressed to Archer's phallus; if so, Fawn is probably still on his knees and gyrates to the music. The manuscript, however, contains between 1187 and 1188 what appears to be a stage direction: ἀνακύπτει καὶ παρακύπτει ἀπεψωλημένος, i.e., "With foreskin drawn back he cranes his neck to look up and turns his head to look to the side." This suggests to the present editor that 1187-8 are better understood as a threat of sexual aggression addressed to Fawn, and envision her on her feet wiggling her backside in front of Archer. The author of the stage direction may be late and only guessing, but the same holds true of Σ.

1188. εἶεν: i.e., εἶεν, "allright."
      καλή...ποστίον: i.e., καλὸν τὸ σχῆμα περὶ τὸ ποσθίον. σχῆμα is appropriate both to a dance movement and to a sexual posture.

1189. ὥρα: "(it's) time."
      νῷν: "for us two," dual.

1190. οὐκὶ πιλῆσι: i.e., οὐχὶ φιλήσει, "won't she kiss."

1191. πάνυ γε: See on 749.
      ὃ ὃ ὃ, παπαπαπαῖ: "oboyoboy!"

1192. ὡς... μέλις: i.e., ὡς γλυκερὰ ἡ γλῶττα, ὥσπερ Ἀττικὸν μέλι.

1193. κατεῦδι: i.e., καθεύδει.

1194. γράδιο: i.e. γράδιον, "you (dear) little old lady."

1195. κάρισο: i.e., χάρισαι; see on 938.
      δραχμήν: See on 425.

1196. δῶσι: i.e., δώσω.

1197. ἔκωδέν: i.e., ἔχω οὐδέν.
      τὸ συβήνη: i.e., τὴν συβήνην, "my quiver."

1198. κομίσι σ'...αὖτις: i.e., κομίσω σοι αὖθις, "I will bring you (the drachma) afterwards."
ἀκολούτει: i.e., ἀκολούθει, imperative.

1199. τοῦτο...τὴ γέροντο: i.e., τοῦτον...τὸν γέροντα.
1201. μεμνῆσι: i.e., μεμνήσομαι, future perfect middle < μιμνήσκω.

Archer leaves with Fawn.

1202. δόλιε: "tricky," Hermes being, among other things, the patron of tricksters and thieves.
ταυτὶ...ποιεῖς: i.e., the god continues to grant him success.

1203. παιδάριον: "kid," i.e., Teredon, the piper.
ταυτί: i.e., his pipe, the harp which Euripides has been carrying and now puts down so as to attend In-law, and the quiver.

After gathering everything up, Teredon leaves.

1204. σύ: In-law.

1204-5. ὅπως...φεύξει καὶ τενεῖς: For the construction, see on 267-8. τενεῖ < τείνω, here intransitive, "head."

1208. σὸν ἔργον: here parenthetical, "it's up to you."

1209. καταλαβεῖν: sc. σε.

Euripides and In-law leave; Archer returns with Fawn.

1210. ὡς καρίεντο: i.e., ὡς χαρίεν.

1211. δύσκολ(ο)... πρᾶο: i.e., δύσκολον... πρᾶον, "touchy...easy going."

1212. ὡς ἀπόλωλο: i.e., ὡς ἀπόλωλα.
τὸ...ἐντευτενί: i.e., ὁ γέρων ἐντευθενί; sc. "has gone."

1213. γρᾶ(ο): i.e., γραῦ.
οὐκ ἐπαινῶ: literally, "I don't commend (you)," i.e., "you're not very nice." ἐπαινῶ is used without the negative

as an expression of thanks ("I'm obliged," "very nice of you").

Ἀρταμουξία: cries are often exempt from metrical requirements; cf. οἴμοι after 1216.

1214. διέβαλε: here, "tricked," as occasionally.
μού: i.e., με ἡ.
ἐπίτρεκ'...σύ: i.e., ἐπίτρεχ(ε) ὡς τάχιστα σύ. Fawn is to run after the "old woman."

1215. ὀρτῶς... κατεβήνησι: i.e. ὀρθῶς...κατεβίνησα; literally, "It's correctly (called) a 'quiver' (συβήνη), since I squandered it on a fuck (καταβήνησι)." The pun defies translation.

1216. δρᾶσι: i.e., δράσω.

1217. ἐρωτᾷς: here, "are you asking about."

1218. ναίκι...αὐτό: i.e., ναίχι...αὐτήν.

1219. εἵπετο: < ἕπομαι.

1220. κροκώτ'...γέροντο: i.e., (εἶδες) κροκωτὸν ἔχοντα τὸν γέροντα.
φήμ' ἐγώ: "Yes," the usual meaning of φημί used absolutely.

1222. πότερο...ὁδό: i.e. ποτέραν θρέξω τὴν ὁδόν, "Which way (of the two) am I to run?" The most likely explanation of Archer's puzzlement is that the Chorus leader has pointed out one way at 1218 (either right or left) and the opposite at 1221.

1223. ὀρθὴν ἄνω: "(along) the straight (route) up," probably through the audience up toward the Acropolis.

1223-4. πάλιν τηδί: "back *this* way," i.e., back down toward the orchestra; Archer has started to follow the opposite direction given by ὀρθὴν ἄνω.

1224. τοὔμπαλιν = τὸ ἔμπαλιν, "in the opposite (direction)," i.e., to the one she went.

1225. κακόδαιμον: i.e., κακοδαίμων; sc. ἐγώ.

τρέξι: i.e., θρέξω.

1226. κατὰ τάχος: "as fast as possible"; cf. on 727.
ἐπουρίσας: < ἐπουρίζω, "sail with a fair breeze."
1227-31. Anapestic system (see Metrical Note).

1227. πέπαισται: See on 947.
μετρίως: "in due measure."
ἡμῖν: dative of agent.

1230-1. ἀγαθὴν...χάριν: "good thanks for this (performance)."
ἀνταποδοῖτον: second aorist optative dual.

Suggestions for further Reading

For a brief but careful account of the genre Old Comedy, to which the *Thesmophoriazusae* belongs, see Sir Kenneth Dover's article "Comedy (Greek), Old" in the *Oxford Classical Dictionary* (second edition); and his article "Aristophanes (1)" in the same source is also an excellent starting place. For a fuller account, see Dover's *Aristophanic Comedy* (Berkely, 1972). C. W. Dearden's *The Stage of Aristophanes* (London, 1972) is especially good on how the plays were actually staged. For critical interpretation of this play much remains to be done, but a good place to start is with C. H. Whitman, *Aristophanes and the Comic Hero* (Cambridge, Mass., 1964). Recent items of interest are Froma Zeitlin, "Travesties of Gender and Genre in Aristophanes' *Thesmophoriazusae*," *Critical Inquiry* 8 (1981), 301-27, Carroll Moulton, *Aristophanic Poetry* (Göttingen, 1981), chapter iv: "Poetry and Imitation in the *Thesmophoriazusae*," and Frances Muecke, "A Portrait of the Artist as a Young Woman," *Classical Quarterly* n.s. 32 (1982), 41-55.